八卦より万物への広がりを表す

五千頭の龍が昇る聖天宮 八卦天井

目次

【道教の信仰の部】

【巻末の付録】

序

中国の三大宗教はよく儒教、仏教、道教といわれるが、儒教は哲学、仏教はインドから渡来したもの、道教は中国発祥の唯一の宗教であると言えよう。日本におけるこれらを述べると、儒教は朱子学として江戸幕府の政治・学問の中心を担い、仏教は六世紀ごろから日本に伝わり今も多くの信仰を集め、道教は日本人にはあまり馴染みがなく、いつ日本に伝わったかでさえ明白ではない。しかしながら、道教は元来中国の伝統宗教であり、その多くの概念は日本にも伝わり、日本の文化に影響を与え、深く根付いている。以上を踏まえて著者はこの書を通して読者の道教への理解を深めてもらいたい。

本書で述べる「道教」は「五千頭の龍が昇る聖天宮《せいてんきゅう》」（以下「聖天宮」）の法師による、一個人の長年の深考《しんかう》の結論である。※聖天宮については本書の巻末、「聖天宮」頁125で紹介したい。

※当書を引用する場合は以下を明記すること。

【注、聖天宮法師（二〇二四年）「道教再訪」〇頁】

近代、日本における道教

歴史的背景として、十九世紀後半、イギリスは中国から茶の輸入により生じた膨大な赤字を補填するため、中国にアヘンを売りつけた。それを取り締まる中国に戦争を仕掛け、いわゆるアヘン戦争が勃発し、中国が惨敗する。アヘン戦争の顛末を知った江戸幕府は、中国の二の舞いにならないようにと当時アジアに進出していた欧米諸国と不本意ながらも通商条約を結ぶ。これにより日本の多くの港が開港され、多くの欧米人は日本にこられた。

図：日本開港、主な6港

欧米の人々と共に中華商人も来日し、日本人

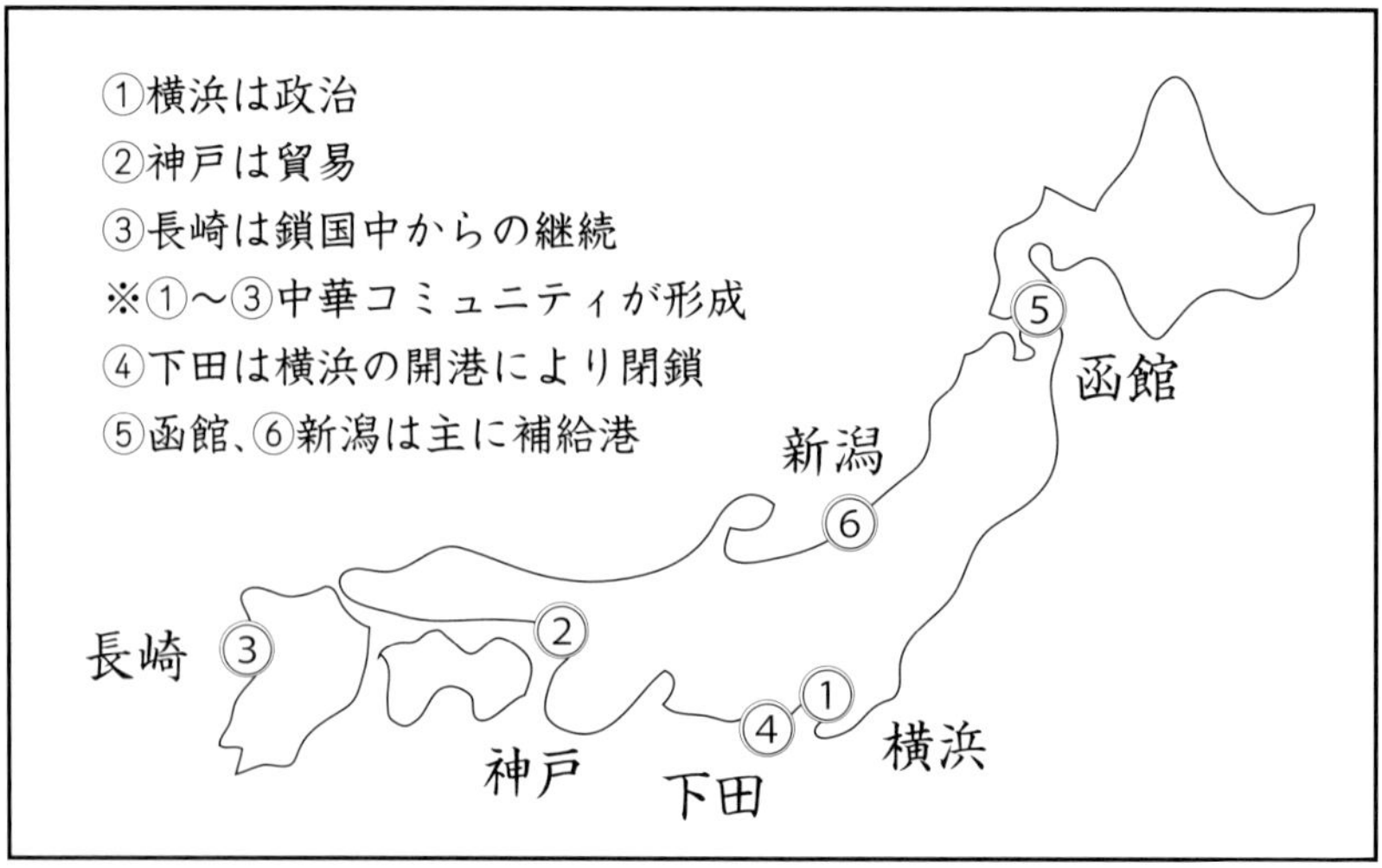
①横浜は政治
②神戸は貿易
③長崎は鎖国中からの継続
※①～③中華コミュニティが形成
④下田は横浜の開港により閉鎖
⑤函館、⑥新潟は主に補給港
函館
新潟
長崎
神戸
下田
横浜

図：日本開港、主な6港

と漢字での筆談ができること、また日本に先んじて欧米諸国との貿易をしていたこともあり、中華商人は日本人と欧米人との仲介役となる。その後、関東大震災、第二次世界大戦を経て、欧米の人たちは日本を去り、中華の商人たちが残り、中華コミュニティが形成され、中華街へと発展した。

中華コミュニティの形成と併《あわ》せて、信仰を集める宗教施設も建立《こんりゅう》され、例えば商売繁盛を願う商売の神を祀る「関帝廟《かんていびょう》」と渡航安全を願う航海の女神を祀る「媽祖廟《まそびょう》」がある。これらの施設は華僑、中国、台湾、中華系の人々の信仰のよりどころであり、商い、観光の中心として今に至る。

◆関帝廟は道教の商売の神である「関帝《かんてい》」を祀り、商売は普遍であるために、中華圏のみならず、中華の人々がいる津々浦々に見られる。

◆媽祖廟は道教の航海の女神である「媽祖《まそ》」を祀り、中国の沿岸部や台湾、香港など、港を有する都市や町で多く見られる。

現在、日本国内にはいくつかの道教のお宮がある。有名なのは、横浜中華街の関帝廟・媽祖廟、長崎市新地中華街の関帝廟、神戸市南京町の関帝廟などである。

以上述べたのは近代日本における道教ではあるが、実は道教は古代より日本の文化に広く、深く影響を与えてきた。

古来、日本における道教の影響

道教の多くの概念は日本の文化に影響を与え、深く根付いている。例えば「陰陽《いんよう》」、「五行《ごぎょう》」などの哲学、「気」、「易」、「風水」などの学問、「無」、「仁」、「道《タオ》」などの概念は道教に由来するものである。他にも道教の信仰による神々の使い、縁起の良い伝説の瑞獣《ずいじゅう》「龍」、「鳳凰」、「麒麟《きりん》」、「鯱」などもある。画：麒麟と唐子《からこ》（聖天宮壁画）

画：麒麟と唐子（聖天宮壁画）

では、なぜ道教に起因するこれらの概念、学問、伝説、信仰は道教そのものとして日本に伝わらなかったのか、それを述べるには日本の歴史を古代まで遡《さかのぼ》る必要がある。

何故、道教は道教として日本に伝わず

七世紀ごろ、日本における政治情勢の安定と航海術の向上に伴い、国の更なる発展のため、進んでいた大陸の文化を取り入れる目的をもって遣隋使、遣唐使を派遣した。特に隣国の大国である中国の文化、政治、技術、宗教などを取り入れ、日本を中国と対等に付き合える国にすることを目指した。

当時、中国から取り入れた宗教は仏教である。だが、遣隋使、遣唐使の時代の中国の仏教はもはやインド発祥の仏教ではなく中国内で幾世紀を経て育った「中国仏教」へと変異していた。その変異の根幹こそは中国の元来の宗教、道教にあり、従って日本人が思う仏教の多くの概念は中国仏教の概念でありながら、その本流には多くの道教の概念が含まれる。これはまるで一枚の仏教のベールが懸かったように、仏教として、

ではいるが、透けて道教が見え隠れをする状態と等しい。※これについては次章「中国仏教に由る日本仏教」で詳しく述べたい。もちろん、仏教が中国の国教になる以前にも日本と中国との交流はあったが、航海や造船の技術は遣隋使、遣唐使よりさらに未熟であり、大陸への渡航は一層険しく、文化の交流の質、量、頻度も更に少ないと推論できる。よって、中国の中国仏教以前の宗教である道教の日本への伝達も限定的、断片的であり、伝わって道教は道教の全貌から程遠く、道教として認識できなかったであろう。

では、これより、先ず日本仏教と中国仏教の関係を述べ、それから中国仏教と道教の関係を述べたい。

中国仏教に由る日本仏教

歴史的背景として、仏教がインドから中国へ伝来したのは一世紀ごろ、六世紀ごろ仏教は政治に寵愛《ちょうあい》され、大きく発展した。だが、中国の文明は紀元前からすでに熟成しており、伝来した仏教はそのさなか、五百年を経て、中国内でインドの仏教から中国の仏教へと変移した。
日本に仏教が伝わったのは六世紀ごろ、先ほども述べたが本格的に中国から取り入れたのは七世紀以降である。しかも、中国を意識した大陸文化の吸収が目的であったため、仏教を取り入れるには遙か遠いインドまで行く必要性はなく、中国でその目的が果たせた。（最終目的地は当時中国の首都「長安《しょうあん》」である）図：遣隋使、遣唐使の航路図
よって日本の僧侶が長安で学んだ経典は、いく世紀も経た、中国の僧侶が漢文で解釈した仏教であり、やはり中華的・道教的思想が多く含まれるのは必然と言えよう。極み付は、日本の仏教寺院の

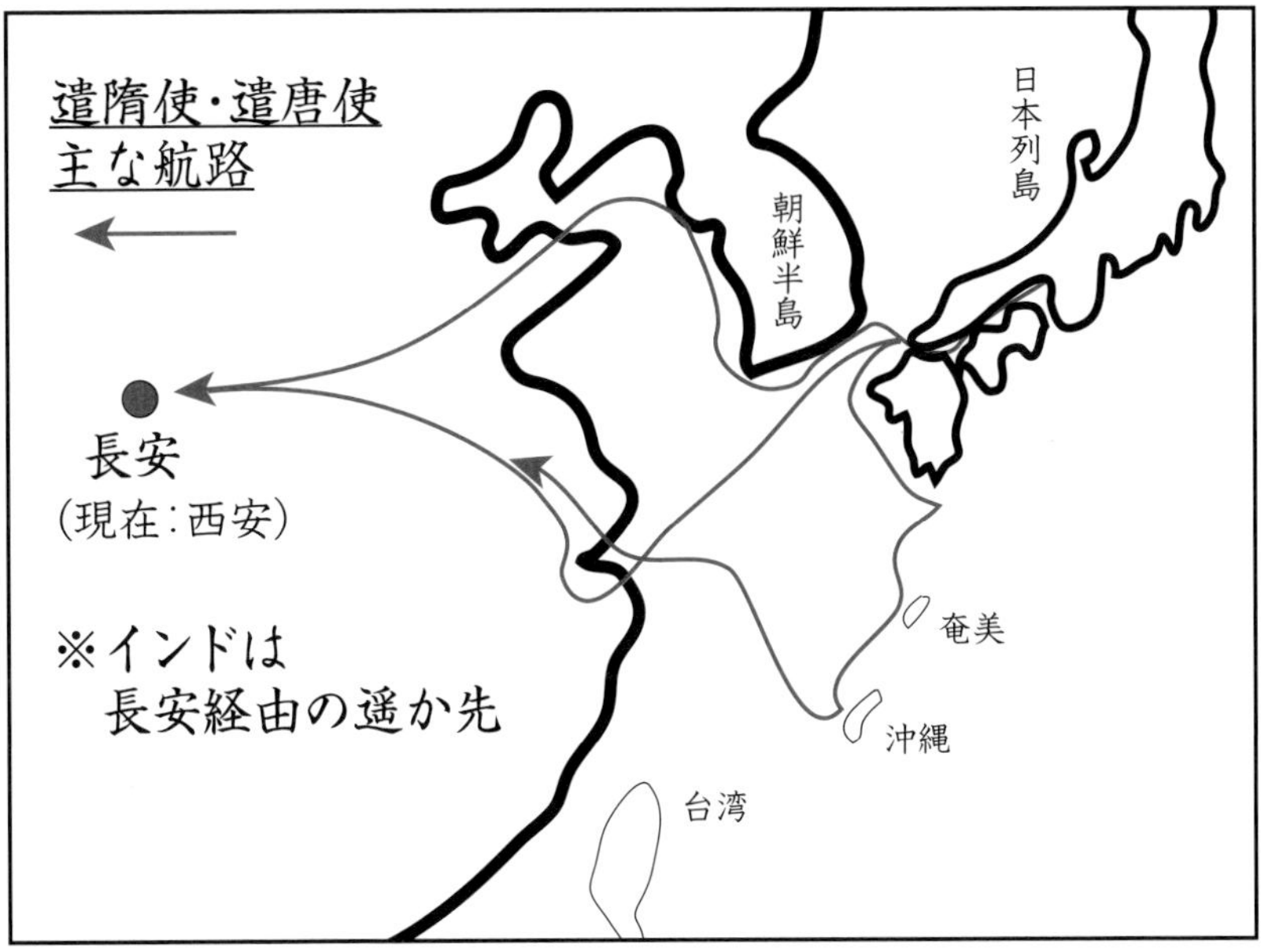

図：遣隋使、遣唐使の航路図

建築様式に見られる、四方形の軒の深い・屋根を上に反らし形状は、中国仏教建築様式を起源とし、その更なる起源は道教建築様式である。※他にも装飾に龍と鳳凰を用いるのは道教の影響である。

では、その中国仏教建築様式は何か、またその起源とする道教建築様式は何かを述べ、それからインド仏教建築様式との違いを比べたい。

中国仏教建築様式とその起源

先ずは宗教とその国の建築様式の関連性から説明したい。

世界のすべてと言っても過言ではないと思うが、古代国家における支配者の権力は自らを神としていたか、あるいは神から与えられたとしていたかである。例えば、中国の皇帝、エジプトのファラオ、ヨーロッパの数々の紀元前、紀元後の王権、古代の北南米大陸の文明もそうであり、中東では、今もそのような国もある。政《まつりごと》は神事であるため、それを行う建物の様式もその宗教が持つ多くの概念に準ずる。例えば、紀元前の南ヨーロッパの建築様式は、ギリシャの神々やローマの神々の信仰に準じ、紀元後はキリスト教に準ずる。インドの建築様式のもとはヒンドゥー教に準じ、仏教の誕生後、仏教にも準ずる。同じようにいわゆる中国建築様式も中国の元来の宗教である道教建築様式に准ずる。

では以上を踏まえて日本にも伝わった中国仏教建築様式の特徴は何に準ずるか、それを見極めるにはそのルーツであるインド仏教の建築様式と中国道教の建築様式を比べる必要がある。

中国道教、インド仏教の建築様式の違い

道教は中国発祥の神の伝承・伝説から起因した民間信仰の宗教であり開祖はなく、一方、仏教はインド発祥の開祖釈迦が説いた教えを軸とした宗教である。よってこの根幹の違いから、中国道教建築様式とインド仏教建築様式にはおのずと違いはある。例えば、インドの仏教寺院は釈迦の教えを信仰の要として釈迦の遺骨、のちには釈迦

の遺物などを寺院の頂点に納めた下から上へと先細る仏舎利の形状を基本としている。また、仏教以前のバラモン教（現在のヒンズー教の源流）のジャーティ（カースト：階級制度）による身分制度を表す階段状の形状をした寺院も見られる。

それらとは大きく異なる道教の建物の屋根は横に大きく、軒が深い。この特徴は道教の伝承・伝説が考える「無彊《むきょう》（境のない）に広がる雲上の神の天界」を表している。建物の下部を「地」とみなし、上部や屋根を「天」とみなし、広大な中国の国土の上に更に広大な天が四方に広がる、という考えから屋根の軒を深くした。もし軒をただ深く

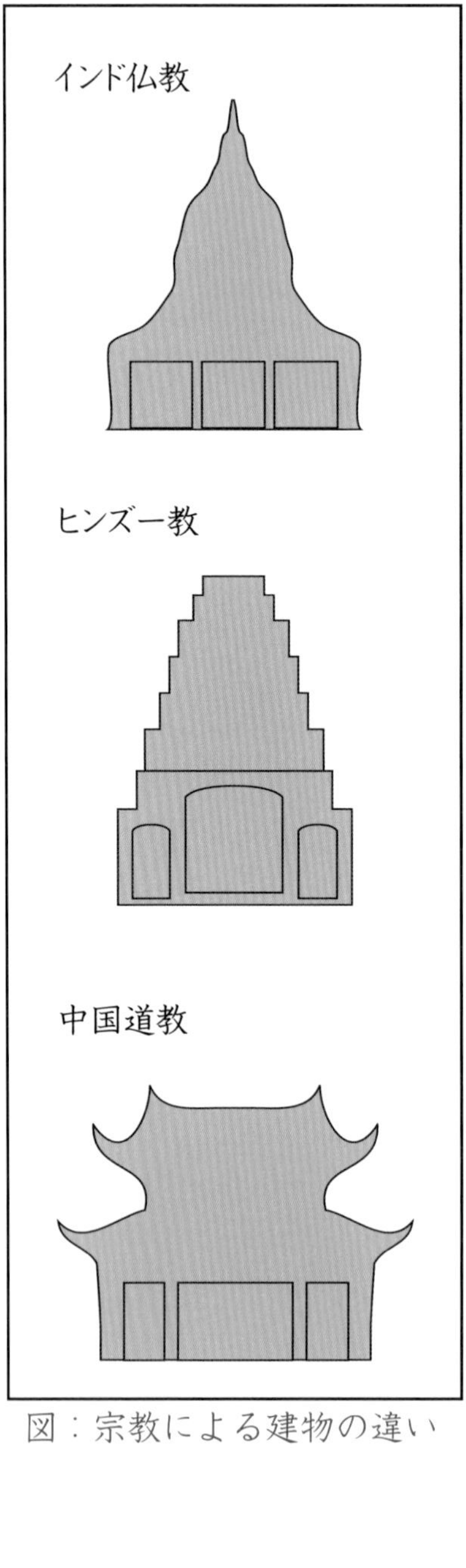

図：宗教による建物の違い

するのが目的ならば、その縁《へり》を柱で支えればよいと思うかもしれないが、それでは地が天を支えることとなり、天が地より遥かに大きいとした意味をなくす。さらに興味深いのはこの屋根の軒の深さで表す天の大きさだけでは満足せず、屋根を反らせ、その角《かど》まで上へ反らせて、天をより広く、より大きく見せようとしている。この形状こそが今も見る中国の建物の特徴である。※なぜ屋根を反らせるのは「③天を表す、角まで上へ反る軒の深い屋根」頁24で更に詳しく述べたい。図・・宗教による建物の違い

結論として、道教と仏教という二つの宗教が持つ信仰の概念の違いによって、建物の形状に顕著な違いが見られる。だが、中国に於いては伝わった仏教は中国内で中国化し

コラム　儒教の建物様式について

中国三大宗教といわれる「儒教」の建物は、道教建築様式である。何故なら開祖の孔子は中国人であり、また儒教の哲学そのものも、道教の「気」の概念を基礎として派生したものだからである。そもそも中国人にとって儒教は宗教というより学問であり、また開祖の孔子はそれほど神格化されていない。従って儒教の建物は道教建築様式ではあるが、道教のお宮と比べると宗教的なモチーフは少ない。

たため、中国仏教の建物はインド仏教建築様式ではなく中国仏教建築様式となる。日本に於いては中国仏教が伝わったため、日本仏教の建物の形状は主に中国仏教建築様式に起源がある。その様式の特徴ともいえる軒の深い、また屋根を反らせた形状の起源を明らかにすると、やはり根幹には道教の思想がある。ちなみに日本独自の屋根形状、「唐破風《からはふう》」はこの中国仏教建築様式から派生したものである。

※これについては巻末「日本様式屋『唐破風』」頁135で紹介したい。

では、中国仏教は中国内でどの様に道教と関わったのか、また日本内でどの様に神道と関わったのかを述べたい。

中国に於ける仏教、日本における仏教

歴史的背景として、仏教は他の宗教の神々を取り入れながら広がったことがあげられる。中国道教に於いては、例えば道教の商売の神である関帝を仏教に帰依《きえ》したとして「伽藍関菩薩《がらんかんぼさつ》」と称し、渡海の女神である媽祖を「媽祖菩薩《まそぼさつ》」と称し、仏《ほとけ》として祀る。

日本神道においては「本地垂迹《ほんじすいじゃく》（神仏習合）」の思想を持ち込み、仏が人々を救うため、神道の神々の姿を借りるとして、例えば天照大神が大日如来の化身であるなど。

このような思想は仏教の布教に有利であったが、土着《どちゃく》の宗教と宗教的、政治的な軋轢《あつれき》を生み、中国史でも日本史でも廃仏運動を引き起こした。しかしながら、日本においては、神と仏の社《やしろ》を分けることにより共存に至り、一方、中国においては神と仏の社を分けることなく、同じ社内で神と仏を一緒に祀るお宮、お寺が主流となる。例えば台湾の最も古いお寺である「龍山寺《りゅうざんじ》」では「観世音菩薩」を本尊としながらも、建物の裏手に多くの道教の神々も祀られており、別例として、日本における道教のお宮、横浜中華街の「関帝廟」は、道教の神「関帝」を主神として祀るが、仏教の「観音菩薩」も横に祀る。

結論、仏教の本質には他の宗教の神々を仏にして祀り、広がった経緯がある。結果、日本に於いては、日本神道の神と伝来した仏教の仏を別の社に祀り、一目で違いは分かるが、中国・台湾に於いて道教と伝来した仏教は同じ社内に双方の神と仏を共に祀るのが主である。そのため、中国・台湾のお宮もお寺も建物内の装飾は双方の信仰のモチーフが含まれていることが多く、違いはないと思われているが、やはり根幹に違いはあるのでこれより見分け方を紹介したい。

中国・台湾のお宮とお寺の見分け方

中国・台湾における仏教のお寺の形状は、前章で述べた、道教建築様式に起源があり、そのため、道教のお宮と区別はつき難く、だが、やはり違いはあるので以下紹介したい。

①施設の名称の違い

道教の神を主神とする建物は「廟《びょう》」または「宮《きゅう》」などと称し、仏教の仏を本尊とする建物は、日本と同じく「寺《じ》」または「院《いん》」などと称する。例え共に祀る対象の仏または神の位の方が高くても、主神が神であれば「廟」か「宮」、本尊が仏であれば「寺」か「院」になる。

②道教の神々には性別がある

道教の根幹には陰陽があり、人は神を主に「男」また「女」としか見られないとしている。

従って仏教のように、仏は性別を超えた存在とした、「中性的」な描写はない。
※これについては「道教の神々の見た目」頁80で述べる。

③瑞獣・霊獣の違い

道教のお宮の装飾と壁画に描かれているのは雲上の天界が多く、よって雲に囲まれた、天を飛び交う、伝説の龍、鳳凰、麒麟などが多い。一方、仏教は王族であった開祖、

コラム「廟」と「宮」の違いについて

廟と宮の違いは、「廟」は一棟であるのに対し、「宮」は回廊で囲まれた中庭を含む二棟以上の構造として、いわゆる宮殿方式の佇まいをしている。例えば、同じ商売繁盛の神「関帝」を祀る横浜中華街の「関帝廟」は一棟なので「廟」と名がつくが、同じ関帝を祀る台湾にある「行天宮《ぎょうてんぐう》」は中庭があるので「宮」と名づけられている。

日本では廟は「お墓」を意味することが多いが、中国・台湾では「神の社」という意味のほうが主である。例えば関帝廟、媽祖廟は墓ではない。

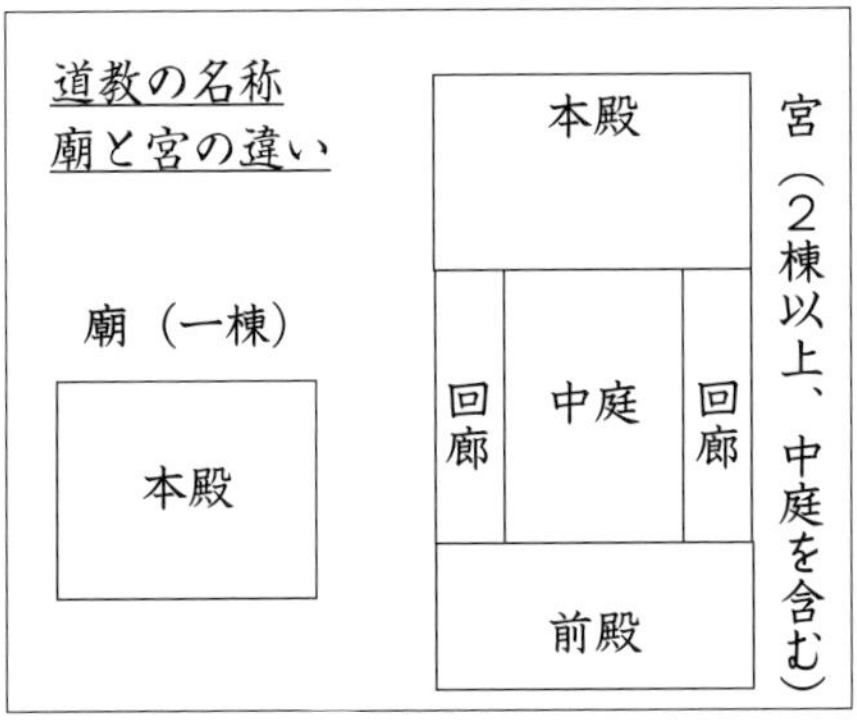

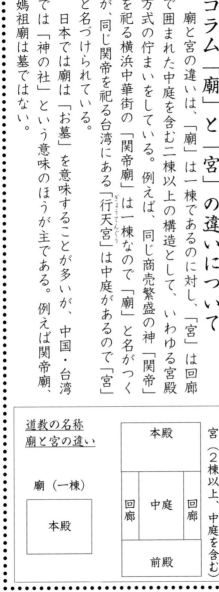

釈迦の出家と悟りを中心にした教えのため、釈迦と弟子、釈迦と自然の霊獣、孔雀、象、蛇などの描写が多い。

④道教には天国と地獄の様な描写はない

道教も仏教も輪廻転生《りんねてんせい》（生死を繰り返す）を信じるが、仏教は、奈落（地獄）から浄土（天国）への「解脱《げだつ》（輪廻転生からの解放）」を目的としている。一方、道教は解脱を目的としてなく、いわゆる善悪の報いに伴う別次元の天国と地獄はない、ありえないと考える。※これについては「道教における死後」頁119で述べる。

⑤道教には「解脱」としての蓮の描写はない

仏教では解脱を汚泥から花が咲く蓮になぞら

画：雲上の神々（聖天宮壁画）

えた題材を多く描かれるが道教にはない。先ほど述べたが道教にはそもそも解脱の概念はなく、蓮の描写はあるがあくまでも一種の花に過ぎない。道教が好む花は冬に花咲く梅（生命力の象徴）と大きな花を咲かせる牡丹（富貴栄華《ふうきえいが》の象徴）である。従って仏教は仏を悟りの極みとして蓮と共に描写するが、一方、道教の極みとする神を雲上の存在として雲との描写が多い。画：雲上の神々（聖天宮壁画）

では、これより道教の建物の見た目に含まれる道教の概念を詳しく紹介したい。

道教の建物の特徴と含まれる概念

道教のお宮の特徴は以下の通りである。

① 煌《きら》びやかな万物を表す原色の色合い
② 「中心」を表す黄色い屋根
③ 「天」を表す角までも上に反らせた軒の深い屋根
④ 屋根飾りに多くの瑞獣、龍、鳳凰など

この四つの特徴、特に②の黄色い屋根と④の多くの瑞獣の屋根飾りがあれば、建物の大小に関わらず、道教のお宮である。これらの特徴は遠くからも目を引き、一目で道教のお宮として認識ができる。

では、これよりこれらの特徴を詳しく述べたい。

①万物を表す煌びやかな原色の色合い

道教の建物に用いられる煌びやかな原色は五色（青、赤、白、黒、黄）、これは万物万象を五つで示す考え。※これについては後ほど「五行」頁68で詳しく述べたい。

図：五行の五色で表す方角・物質の領域

②中心を表す黄色い屋根

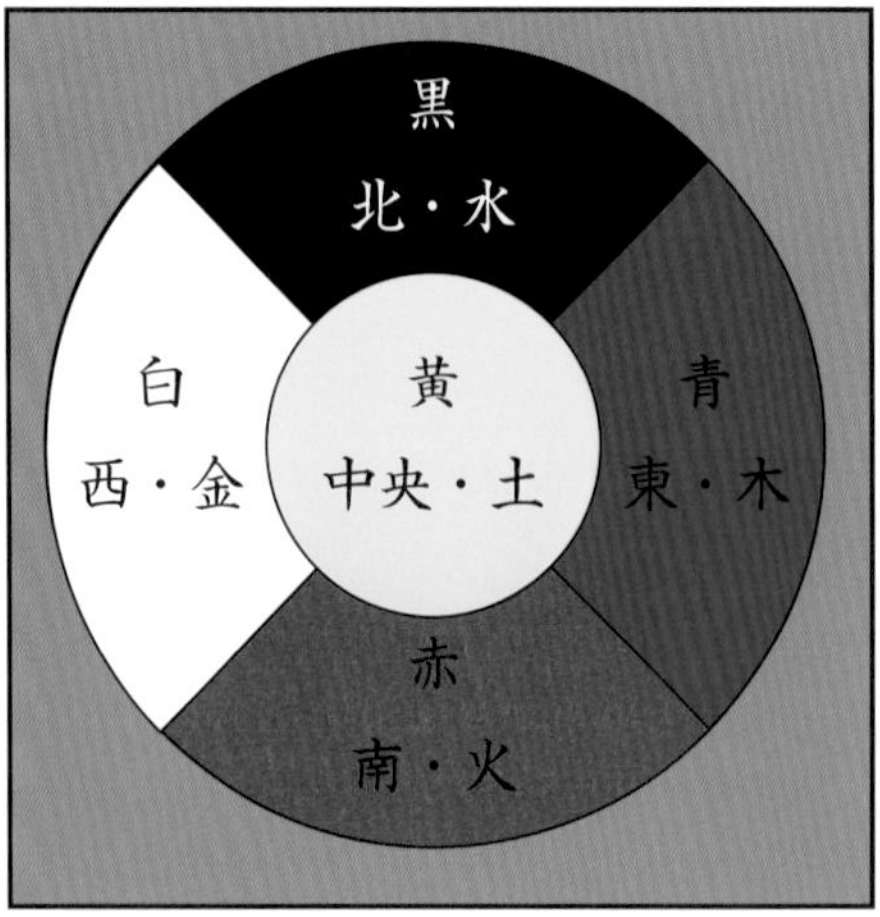

図：五行の五色で表す方角・物質の領域

建物の屋根の色として特に重視しているのは中心を意味する黄色。前述したように、屋根は天を表すゆえに、屋根瓦に五行の中央を意味する黄色を用いるのは、「この建物は全ての中心、万物万象の中心にあり、神の社である」ことを意味する。画：中心を意味する黄色い屋根（聖天宮前殿《ぜんでん》）

黄色い色こそ、黄色い土で染まる黄河の元に花咲いた中華の文明、すなわち中心の文明「中国」そのものの象徴であり、その中心の文明の上の「天」を建物の屋根の色で表している。ちなみに、中国の東に位置する韓国は青い瓦、南に位置する琉球王国は赤い瓦、また、北のシルクロードから渡来した仏教であるがゆえ、中国の仏教寺院は元来、黒い瓦を使う。

画：中心を意味する黄色い屋根（聖天宮前殿）

興味深いのは、日本に伝わった中国仏教の黒い瓦様式は当時のまんま、日本寺院に残り、反面、中国内の中国仏教はさらに道教にすり寄り、道教様式の黄色い瓦を使う寺院が主流となる。理由としては日本仏教をもたらした遣隋使・遣唐使の派遣は唐の王朝の衰退とともに廃止され、結果、日本仏教は一種のガラパゴス状態となり、中国仏教の黒い瓦の習わしは残ったからである。

③天を表す、角《かど》まで上へ反る軒の深い屋根

以前も述べたが道教の建物の屋根は広大な天を表すゆえに軒が深い。それには満足をせず、屋根をさらに大きく見せようとして大きく上へ反らせ、その角までも上に反らせる。これは地平線に向かうほど物が小さく見えることとは逆に、屋根を反らせることにより無限に広がる「広大な天」をより大きく、広く見せようとしている。同じく「天」を表す西洋の教会や寺院が遠近法をもって建物を縦に大きく見せようとする「天は高く」の手段とはまったく異なる。この西洋の表現と比べると道教の屋根の表現は横への逆遠近法ともいえる。図：建物に用いる縦の遠近法、横の逆遠近法

④屋根に多くの瑞獣

屋根は天を表すゆえ、多くの縁起の良い、神の使いである瑞獣・神獣、例えば龍、鳳凰、麒麟などを飾り、天を飛び交う姿を描写する。また、お宮の主神が男性の神であれば龍の装飾が多く、主神が女性の神の場合は鳳凰のほうが多く、これは陰と陽と関係する。※これについては本書の巻末の「神獣の属性」頁129で詳しく紹介したい。

この習わしは中国の宮廷にも及び、例えば中国の皇帝の召し物は龍の刺繍が多く、皇后の召し物は鳳凰が多い。因みに「黄色い屋根」と「龍」は皇帝の象徴といわれるが、厳密にいえばそれは不正確である。なぜなら、これらは元来、神の社を示すものであり、皇帝は己を

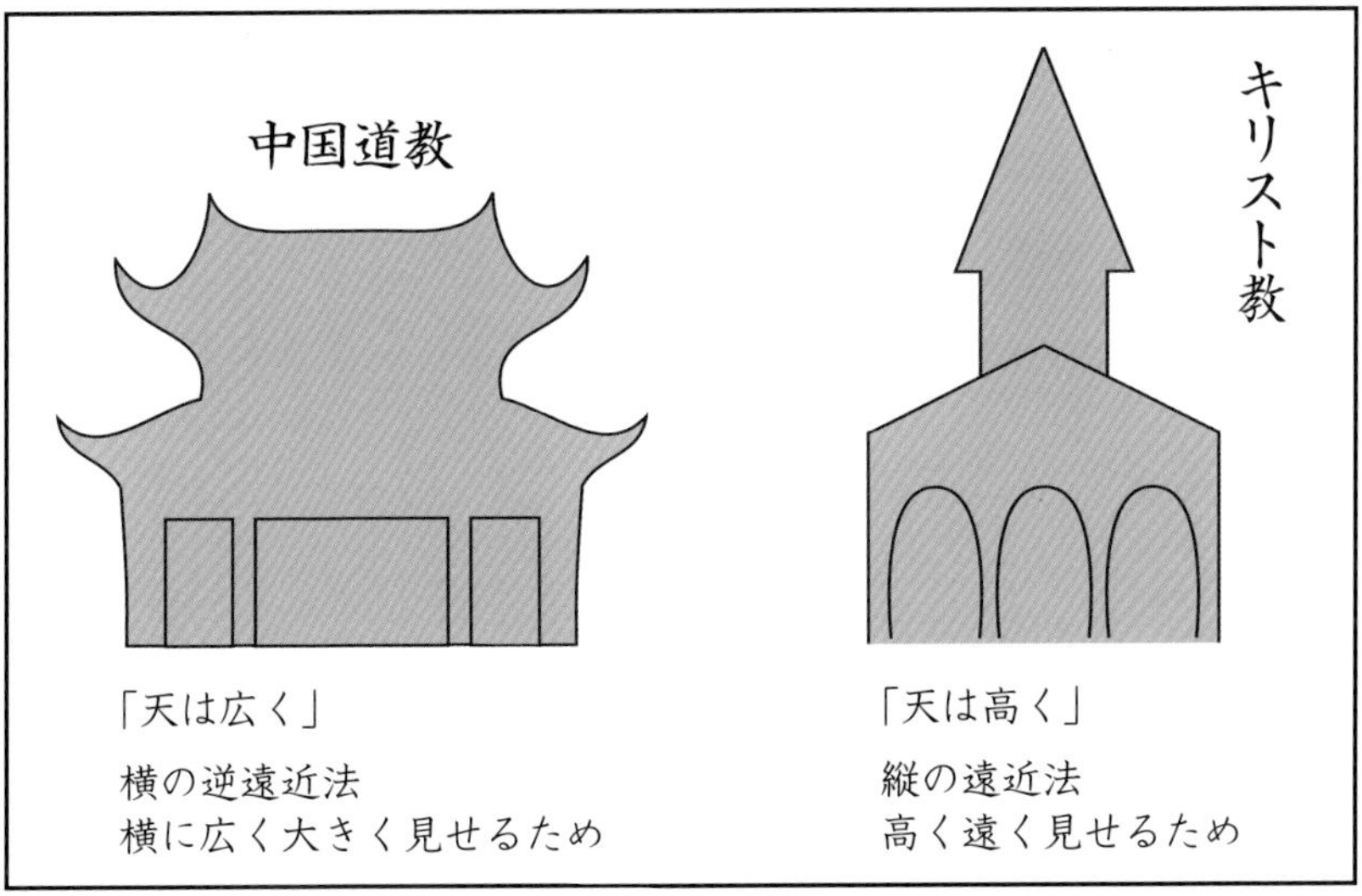

図：建物に用いる縦の遠近法、横の逆遠近法

神と称し、神の威厳にあやかろうとしたに過ぎないからである。

以上四つの特徴は、ひと目でわかる道教建築の外観ではあるが、実はそれらとは別にもう一つ道教の根幹概念が建物様式に含まれている。それは移りゆく時間軸の概念、「陰陽」である。

陰陽《いんよう》を含む道教建築

「天を表す屋根」と「方角を表す五行の色彩」と共に道教の建物に含まれるもう一つの根幹概念は、「陽《よう》」から「陰《いん》」へ移りゆく時間軸の概念である。時間軸とは地球の自転による南北を軸とした、太陽の東西への動きがもたらす概念であり、太陽が昇るほうは始まり・陽とし、太陽が沈むほうは終わり・陰とする。

では、この陽から陰へ移り行く概念はどの様に道教建築様式に含まれているのかを幾つかの例を挙げて紹介したい。

●道教の建物の向きと陰陽

道教のお宮は基本、地形が許すかぎり、北側に主神を鎮座して南を向く。これは道教の万物万象を司る伝説の神「天帝《てんてい》（別名・天公《てんこう》）」と星々が北極星を回るのを

コラム　建物を南東に向ける

南に建物を向けるのは宗教的、政治的な意味合いもあるが、一方、合理的なメリットもある。北半球では建物を南に向けることにより、日照時間を最大限に得ることができるため、光熱費が抑えられるという経済面と衛生面で有利だからである。

更に中国の建物はただ南に向けるのではなく、東へ四十五度ずらし、「南東」に向けられる。理由としては、真南に向く建物の北側が一年中、日が当たらなくなり、これを防ぐため東に四十五度傾けることにより、夏季に北側にも日が当たるようになるからである。これは初歩的な風水の一例であると共に、このようなさまざまな天文・地文の観測・観察により、中国に「風水」・「気」などの学問が生まれた。

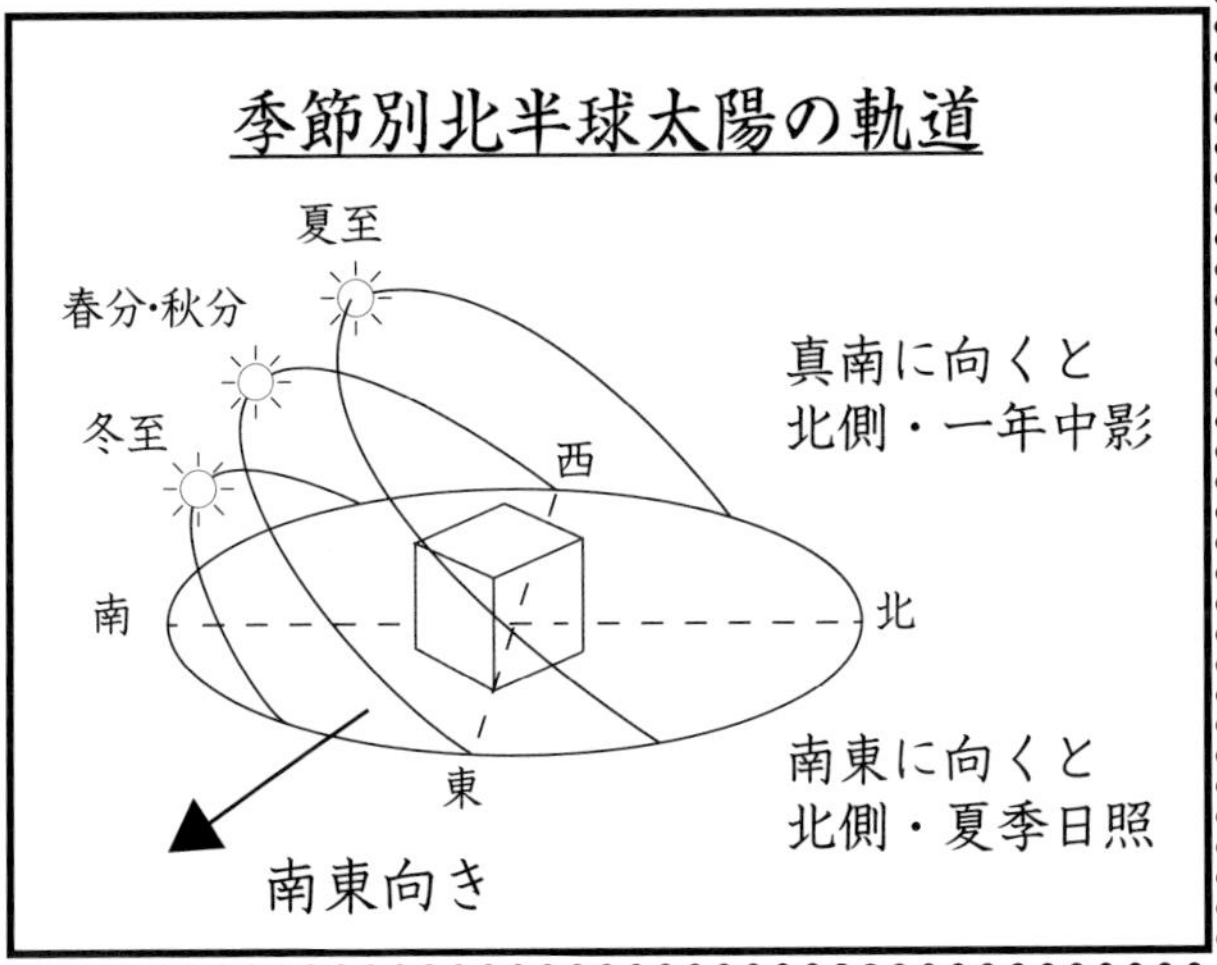

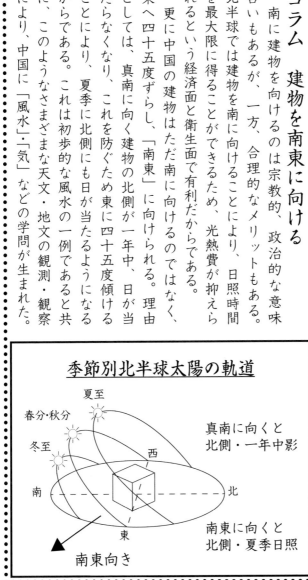

同一視したことに起因する。※天公については後ほど「『一』は『天帝』」頁83で述べたい。建物が南に向くことにより「陽・始まり」は東側、「陰・終わり」は西側になる。この風習は宮廷にもおよび、皇帝すなわち「天子」・天帝の子（天《てん》の帝《みかど》の子《こ》）が国を治める威光を誇示するために、都の北側に位置することにより、「天子南面《てんしなんめん》」・「坐北朝南《ざほくちょうなん》」は権力の象徴としていた。平安京、東照宮などの向きがこれに倣《なら》ったのはよく知られている。

●鐘・太鼓と陰陽

道教のお宮の建築様式は陰陽を表すため、お宮の左右に楼閣を設ける。一見同じように見えるこれら楼閣だが、「陽側」には鐘を吊る

画:陽側にある鐘楼（聖天宮）

し、「陰側」には太鼓を吊るす。（小規模な廟は陽側に磬子《けいす》を置き、陰側に木魚を置く）

画：陽側にある鐘楼（聖天宮）

ではなぜ鐘は陽、太鼓は陰なのか。それは鐘を叩くと音が広がるため陽とし、太鼓を叩《たた》くと叩く力を吸収するように音がこもって広がらないため陰とする。（同様に木魚も陰に属する）さらに興味深いのは、道教のお宮の鐘は裾が広く、音が広がる形状ではあるが、中国仏教寺院の鐘は（日本仏教寺院の鐘も同じく）下の口がすぼみ、敢えて音が広がらないような寸胴型である。理由としては日本と同様に中国・台湾のお寺は主に葬式を行うため、多くの「陰」と関わるとして、「陰」の広がりを控えめにしているからである。お葬式は基本、鐘よりは木魚を多く叩くのもこの陰陽の由縁からである。

画：陽鐘・裾の広がりが特徴

画：陽鐘・裾の広がりが特徴

●獅子の雄雌と陰陽

道教のお宮の出入口には一対の獅子・唐獅子を配置する。東の陽側には雄、西の陰側には雌、これは種を持つ雄から雌に渡す命を表している。※これについては「◆陰陽・男女の例」頁61で詳しく述べたい。一般的に、雄の獅子は古銭を持たせ、働く・物事の起因の役割を果たす象徴として、雌の獅子は子獅子と一緒に彫られ、命をつなぐ役割を表している。この、陽を始まり、陰を終わりとした考えは、日本の狛犬の口を開けた「阿」が始まり、口を閉じた「吽」が終わりと通じる。※これについては巻末の「獅子と狛犬」頁131で再度詳しく述べた

画：雌の獅子は子獅と雄の獅子は古銭を持つ

い。画：雌の獅子は子獅子と雄の獅子は古銭を持つ　同じ理由として、お宮に見られる壁画・レリーフは陽側に男の神々・龍が多く、陰側に女性の神々・鳳凰のほうが多い。
　注目してもらいたいのは、以上述べた三つの陰陽は時間と関わる「東西」であり、先ほど述べた五行の領域は空間と関わる「東西」であり、同じ「東西」であっても、別の次元を指している。つまり「陽」イコール「東」、「陰」イコール「西」ではない。
※これについては後ほど「陰陽」頁57、「五行」頁68で詳しく述べたい。

　結論として、道教の建物の佇《たたず》まいには道教の根幹概念、「陰陽」・移りゆく時間の概念と「五行」・領域を示す空間の概念、が含まれる。この二つの概念は「陰陽五行説《いんようごぎょうせつ》」として道教が考える宇宙、「宇《う》」は空間、「宙《ちゅう》」は時間、すなわち時間と空間を表す。興味深いのはこの東洋の宇宙の概念は時空《じくう》の双方が含まれており、同じ宇宙を示す英語の「ＵＮＩＶＥＲＳＥ」とくに「ＳＰＡＣＥ」は空間の概念しか含まれていない。

　これまでは、道教の建物に含まれる様々な概念を述べてきたが、ではこれより、道教はどのような宗教なのかを述べたい。

宗教としての道教

道教の歴史は中国の歴史と同じくらい古く、中国・台湾などの伝統宗教であり、中華文明と中華思想に脈々と伝わってきた。よく中国の三大宗教は仏教、儒教、道教であるとしているが、仏教はインドから渡来したもの、儒教は哲学であり、道教こそが中国発祥の唯一の宗教であると言えよう。信仰は「神仙思想」、神々と仙人の伝承・伝説が根本にあり、開祖はなく、いわゆる経本もない。（日本の神道と神道に於ける神々との関係と類似している）道教の開祖はよく老子《ろうし》と思われているが、それは間違いである。なぜなら道教にまつわる神々の信仰は、老子の時代より遥か前からある。とは言うものの、老子は道教の開祖よりは、むしろ道教の神である。※道教の信仰は「【道教の信仰の部】」頁78、老子については「老子」頁37で詳しく述べたい。

近代における道教

中国の十九世紀後半は外国の侵略と国内の内乱に加えて産業革命がもたらした近代化の圧力が沸点にまで達し、何千年も続いたそれまでの王朝を頂点としたいわゆる皇帝の時代・神権政治の時代は突如終わりを迎えた。宗教として神権政治を担っていた道教ではあったが、世俗化ができず、後進的、迷信的として、信仰も薄れていった。

現在、道教は中国本土よりは台湾、香港で根強い信仰はあるが一方、さらなる衰退も見られる。台湾の一例を挙げると、参拝時に用いる線香は信仰心の厚さを表すという名目のもとで三本から六本、九本などと競うように本数を増やし、それでも満足せず大きさと太さも競った結果、台湾政府はお線香の煙が公害を招くとして自粛を求めるほどになった。今は線香を上げない参拝者も多く、またお宮で行う寿金・神紙の焚き上げの風習も同様な理由により大幅に減っている。※「道教の参拝はなぜ線香を三本使うのか」頁99、なぜ神紙を焚き上げるか、は「道教のお供え」頁104で詳しく述べたい。

道教の衰退には他にもいくつかの要因があるので、次にこれらを紹介したい。

道教の衰退要因

①世俗化への転換ができなかった

先ほど述べたとおり、道教は長きにわたり、占い、不老不死、錬丹術《れんたんじゅつ》や仙術、仙薬などのような超人的な業への探求に重きを置き、中国の近代化とともに迷信的、後進的とされた。

②多くの神が存在する多神教

道教の神々は万物万象を司るため、一つの神の下で結束することはなく、また、道教の信仰自身もそれを要求してこなかった。これは、仏教が中国で中国仏教へと変化し、道教と共存できたことの要因でもある。※このことについては以前「中国に於ける仏教、日本における仏教」頁16で既に詳しく述べた。

③開祖がなく、目指すお手本がないこと
老子はよく道教の開祖と思われているが、他の宗教に見られるような、カリスマ的な開祖のイメージはない。老子は教えを広める行為はしてなく、老子が唯一残したのは引退する直前の「道徳経《とうとくけい》」、たった五千字余りの書物である。※これに関しては、次の章「老子」頁37で述べたい。

また、道教には山にこもる仙人のイメージはある、だが道教の教えそのものは仙人になることを基本としていない。仙人の神通力をもてはやし、神として崇めることもあるが、仙人は文字通り「人」なので神ではない。仙人の逸話は一仙人が辿り着いた一真理に過ぎず、今では迷信として面白おかしく語られていることも多い。

④老子が残した言葉「道徳経」そのもの
信仰に頼らない教え。道徳経は道教の信仰と哲学を切り離し、「道《タオ》」と云う「自然の摂理・人の摂理」が自然と人の社会を支え、その支えは信仰の有無により無くなることは無いと老子は云う。※これについては「道徳経と道教」頁46で述べたい。

⑤戒律がないこと

道教は宗教として判別する特異性のある戒律をもたない。道教は信仰を超えた道《タオ》という摂理を説いているため、他の宗教に見られる能動的な宣教・布教、また授戒・洗礼のような入信の儀式はない。道《タオ》は日々の生活のなかで体感・体得できるため、「道《タオ》に沿って生きる」を目的とした以外の修行はなく、よって原則、信仰を軸とした師が教えを施す、また師の教えを仰ぐような制度はない。※道《タオ》については後ほど「自然の摂理」頁51、「人の摂理」頁71で詳しく説明したい。

⑥「道徳経」の誤った解釈により道教は軽視された

道徳経が語る自然の摂理・人の摂理は誤った解釈により非実用的と軽視された。例えば道徳経が説く「無為《むい》」を「無為自然」と誤解釈されたことにより、道教は非行動、世捨て人、無欲、語らない美徳と思われている。※これについては「道徳経の誤った解釈による道教の印象」頁41で詳しく述べたい。

結論として、道教のさまざまな衰退要因は道教の本質を見誤ったことからである。特に道教の信仰は超人的な業・不老不死などに軸足を置き迷信とされ、道教の哲学が書かれている道徳経は誤った解釈により軽視されてきた。現在、道教の神々への信仰は主に中華の人々にあり、信仰を含まない道徳経が語る道《タオ》に基づく概念・哲学は、「タオイズム」として西洋の人々に浸透している。

ではこれより、まず老子について述べ、次に老子が残した道徳経について述べたい。

老子

紀元前六世紀ごろ、中国乱世の戦国春秋時代、長年にわたって周《しゅう》王朝の記録官として務めていた老子は引退を機に、水牛に乗って西へ向かう。辺境の関所《せきしょ》・函谷関《かんこくかん》を越えるさい、老子に見覚えがあった関所の役人・尹喜《いんき》に呼び留められ、戦国乱世を治めるための導きを求められたところ、老子が答えた。その答えを尹喜が代書として残したわずか五千字余りが道徳経である。※道徳経については次の章「老子の道徳経」頁40で述べ

たい。画：函谷関で出会う老子と尹喜

　こうして老子は道徳経と共に歴史に現れ、のちの経緯は定かではないが、老子は道教の最高神の一柱《ひとはしら》「道徳天尊《どうとくてんそん》」と信仰の対象となる。※「◆『道徳天尊』」頁91で紹介したい。老子の神格化には二つの考えがある。①老子が高徳で昇天され、神となったという「昇天説《しょうてんせつ》」と、②老子はもともと神であり、世《よ》に降り立ち、道徳経を通し道徳を伝えたとする「降臨説《こうりんせつ》」である。

①老子の昇天説について

　道教の信仰には、例え人は高徳であろうと「天の神」になることは出来ない。従って老子の昇天説は考え難い。※これはなぜなのかについては「道教における死後」頁119で述べたい。

画：函谷関で出会う老子と尹喜（聖天宮壁画）

②老子の降臨説について

神が世直しのために乱世へ降臨する考えは道教のみならず他の宗教にも有るが、だが道教は、他の宗教のように神々《こうごう》しい降臨はしない。そもそも老子には奇跡を起こし、民を救ったという伝承もなく、悟りを開いたという自称もなく、弟子を引き連れて教えを広めたという記述もない。また、生誕にまつわるカリスマ的な逸話、例えば釈迦が生まれてすぐ七歩を歩き、天を指したとか、キリストの母の処女懐胎や天の啓示など、とかもない。老子の誕生にまつわる唯一の逸話として、老子の母は八十一年間、老子を身籠《みご》もったといわれるぐらいで、他の宗教の開祖と比べると、カリスマ性があるとは言い難い。なので、老子は道教の神として崇められること自体は不思議であり、昇天説より降臨説を裏付けるものと言えよう。

では老子が残した道徳経はどういう物なのかをもう少し詳しく述べたい。

老子の道徳経

老子を優れた思想家として見る一面もあるが、一方、老子は実在の人物ではなく、残した道徳経も老子に由《よ》らず、多数の著者・知識人の文言集、すなわち言葉の集まり、まとまりがない、とも言われる。だが、それは間違いである。なぜなら、もし道徳経が文言集であるならば、二千五百年間における加筆とさまざまな誤解釈による風化を耐えられなかったはず。道徳経は約五千文字、八十一章の長さが今でも、九割五分以上の字が一貫して現存するのは神の意向としか考えられない。道徳経は神がただただ、「道《タオ》」と云う摂理を老いた隠居に向かう記録官を通して、見覚えがあった役人に代筆させて残した言葉という事実のみである。神は道徳経を通じて、人知を超えた自然の摂理・人の摂理を「道《タオ》」と称し、難解でありながらも、私たちに残してくれた。だが、残念ながら道徳経には、やはり多くの誤った解釈があるので先ずこれらを正しながら、道教の哲学の理解を深めていきたい。

道徳経の誤った解釈による道教の印象

道徳経には数多《あまた》の翻訳はあるが、それぞれ内容がまちまちである。それには主に二つの要因が考えられる。

①先ほども述べたが、そもそも道徳経は人知を超えた難解な内容であり、しかも五千字余りのみをもって「道《タオ》」と云う深い真理を伝えようとしている。

②中国語の文法上、句読点、送り仮名がなく、読み手がつけた区切りから、同じ漢字でも名詞、動詞、形容詞に変わってしまう場合が多い。

これらの要因により、道徳経は多くの誤った解釈を生み、以下数例をあげ、理論的に正しながら道徳経の理解を深めたい。

●「無為自然《むいしぜん》」による誤解

道徳経の教えはよく「無為自然」、「何もせず、あるがままこそ自然」、「自然に任せる」また、世捨て人、無欲、非行動などの印象を持たれるが、これはまったくの誤った解釈である。そもそも道徳経には「無為自然」をそのまま四文字熟語のように書いていないことと、「自然」という熟語は現代的な訳《やく》であり、道徳経全文からは読み取れない。強いて「無為自然」を道徳経全文の内容に合わせて解釈をするのであれば、「(何かの)ためではなく自らの本質(から)」、「自」は「みずから」、「然」は「本質」と訳すのが正しい。前者の「何もせず、あるがままこそ自然」は受動的であり、後者の「何かのためではなく自らの本質から」は能動的であり、後者の方が道徳経の真意に遥かに近く、前者の流れに委ねて何もしないわけとは正反対である。

老子は道徳経を通し我々に伝えたいのは神と云う崇高な存在でさえ、神としての本質を持って神の恩恵を万物に注がれると同様、人は人としての本質をもってするべき行為をすることこそ、道《タオ》の真相であり決して「自然のままに委ねる」ではないのである。

※これについては「人の摂理」頁71で更に詳しく述べたい。

●「非常《ひじょう》」を「常非《つねあらず》」とした誤解釈

道徳経の第一章の第一句、「道可道非常道」をよく「真《しん》の道《みち》とすべき道《みち》は、常《つね》の道に非《あら》ず、常の道は既に真の道ではない」と訳し、まるで「無常《むじょう》」のように曖昧と思われているが、これは間違いである。「無常」の概念そのものも、もともとこの道徳経の第一章の第一句の誤った解釈からであり、なぜなら、もし全てが「無常」であるのであれば、宗教らが語る真理そのものも無常でなければならなく、矛盾が生じる。

正しく訳すと「『道《タオ》』は『可の道《タオ》（よしとするタオ）』から『非常の道《タオ》（善し悪し両極端のタオ）』まで」となる。これは万物万象、津々浦々、善くも悪くもすべてを網羅する「道《タオ》」という存在の範囲（パラメーター）の宣言であり、そこに曖昧さはない。また、「可《か》」が入ることにより、例え極の物事でも常識となればそれは「可」となり、だがその先に更なる極があるという意味になる。よって「無常」のように物事は常に変化しているよりは、「非常」のように物事の先には新たな物事があり、これらは以前の物事の上に成り立つ物事なので以前の物事が無くなることではない。「非常を以て真理を突き止める」のであり、決して「真理は無常」と言う曖昧な、禅問答のような解釈ではない。

●「欲」を「物欲」とした誤解釈

人はどう「道《タオ》」を理解し、体得の心構えをどう持つべきかについても、誤った解釈がされている。道徳経の第一章の第五句、六句は道《タオ》の体得への心構えが語られている。

第一章の第五句、六句「常無欲以観其妙《じょうむよくいかんきみょう》」「常有欲以観其徼《じょうゆうよくいかんききょう》」

よくある誤った解釈は「『無欲』であれば『深い根源』を見ることが出来、『有欲』であれば『上辺《うわべ》の結果』しか見えない」としている。

このように「欲」をまるで「物欲」とした解釈は的外れであり、しかも大きな欠陥が含まれる。なぜなら、「妙」という漢字は「女」偏に「少」と書き、意味は「微妙」、「区別が付かないほど小さい」であり、一方「徼」という漢字の意味は、「国の境界」、「区別が付く」のである。従って「妙」と「徼」は対比とした意味が顕著であり、誤った解釈である「根源」と「上辺《うわべ》」のような程度の差を説明している訳ではない。しかも「妙」を良く、「徼」を悪くとしたニュアンスも的を射ておらず、そもそもこれらの字の本来の意味を捉えてない。

正しく解釈すると、

第一章の第五句
「常無欲以観其妙」は「常に無欲を以て、其《そ》れ（道《タオ》）を観れば微妙であり」

第一章の第六句
「常有欲以観其徼」は「常に有欲を以って、其れ（道《タオ》）を観れば区別ある。」となる。

要するに「道《タオ》」を理解するには「欲」をもっていないと軽微・微妙としか見えず、「道《タオ》」を「欲」をもって理解しようとすると、初めてそこに存在する機微《きび》が見えるようになる。軽微・微妙と思われる物事でも、常に欲をもって観ればその奥に潜む、区別・違い・極（非常）に初めて認識が及ぶようになり、その認識が「可」となり、そこから一歩進んだ「極」へと理解度が深まる。これは能動的な教えであり、決して受動的な「欲を持つな」とした教えではない。

そもそも道徳経は道《タオ》の話なので、第一章からまったく別の解釈を必要とする

「欲の有無」といった概念まで含ませるのには無理がある。のちに道徳経は「物」に多く頼らないとした記述も多数あるがそれは別の話であり、ここ第一章の初期の時点で注目するべき点ではない。

残念ながら道徳経の誤った解釈は多岐に及んでいるため、ここでその全貌を紹介するには限界があるので、別の機会で詳しく述べたい。※別書「道徳経再訪」参照。

以上をもって道徳経には多くの誤解があることを知ったところで、では道徳経は道教に何をもたらしたかについて詳しく述べたい。

道徳経と道教

本題に入る前に、まず「宗教とは何か」について述べたい。

宗教には神への「信仰」と「哲学」という二つの要素がある。信仰とは、いわゆる「神」と呼ばれる人知を超えた存在への盲信であり、哲学とは、人の理性が求める人知を超えた事象に対する解釈や探求である。この二つの要素が結びつくことにより「宗教」

として古代から社会の秩序を保つ役割を果たしてきた。特に、信仰と哲学の結びつきが強いのは以下の二つである。

①信仰と宇宙の創生や自然に関わる哲学。「宇宙の始まり」と「神の信仰」を結びつけることにより、「信仰対象の神が宇宙を創ったから」と信仰の正当性・威厳をもたらす。

②信仰と人の道徳倫理に関わる哲学。「善悪」と「神の信仰」を結びつけることにより、その信仰が善とする行動には神から善い報いがあり、悪い事をすれば罰せられるという、いわゆる天国と地獄の概念がその一例である。

もともと道教も他の宗教と同じく、神への信仰と哲学の結びつきを教えの要としていたが、道徳経によりそれは一変した。道徳経が革新的なのは、道教という宗教の信仰と哲学の結びつきを分けたことであり、しかもそれを分けたのが、哲学者や聖職者、政治家、王様、皇帝などではなく、降臨した老子、道徳天尊、「神」自身と云う点である。道徳経が語るのは万物万象には自然の摂理「道《タオ》」、人には人の摂理「道《タオ》」があり、これらの摂理は万物万象・社会の根底を支えている。※「自然の摂理」頁51、「人の摂理」頁71で詳しく述べたい。また、例え神がこの二つの道《タオ》の摂理を創ったとしても、創世そのものは神が神の本質として行うべき当たり前の役割であるとしている。実際に道徳経の全八十一章の中で創生は第一章ではなく、第二十五章において、やっと語られる。同じように、道徳経が人の役割について重視しているのは、人がどう信仰を深めるかよりは、どう自然の摂理、人の摂理と向き合うべきかである。人は自らの認識をもって己と万物万象、社会との関係を探求し、その行為は、決して神の威光・裁きの下で行うものではなく人の本質としてするべきものだとしている。※道教が考える神と人の関わりは「道教の神の役割と人との関わり」頁118で述べたい。

ほんの百年前まで、天災、地震、台風、飢饉、疫病などは神の怒りとされたが、昨今、科学・教育の進歩により、これらは信仰の種類・有無とは関係ないと分かるようになった。科学・教育の進歩の度合いにより対策に差はあるが同じ地域であれば同じように侵《おか》される。天災(天の恵みを含め)は神の施しにしたとしても、これらは自然の摂理に沿っているだけに過ぎず、よって自然の摂理・法則を理解すれば、天災は概ね対処ができるようになる。例えば台風は人工衛星を飛ばせば、予測により被害は概ね回避でき、飢饉は近代農業や物流により概ね回避でき、疫病はワクチンやクスリにより概ね回避できる。「天災を概ね回避」と「概ね」を付け加えたのは、天災は想定以上の被害をもたらすこともあるので、よって人は謙虚な気持ちをもって今よりさらに一歩進んだ自然の摂理に向き合うべき。例えば温暖化の進行、オゾン層の破壊、海洋プラスチックの汚染など。人が自然の摂理の認識を広げた分、新たな想像もつかないことを次々と解決する

コラム　信仰と科学について

すべての宗教は「神」を万物万象の施しを担う絶対的な存在としているが、多神教と一神教ではその見方が異なる。多神教は神の施しを多くの神々が担うため、科学の進歩と信仰に矛盾が生じた場合はその矛盾を別の神が司るとして捉え、深く探求しない。一方、一神教は神を二人称でとらえ、神の言葉は時代と共に更新できず、科学の進歩と信仰に矛盾が生じた場合はそれを異端とする。結果、多神教の信仰は科学の近代化を遅らせ、一方、一神教は歴史の早い段階から信仰と科学を切り離し、近代科学の進歩へとつなぐ。残念ながら科学の進歩は社会への恩恵だけにはとどまらず、破壊にも用いり、皮肉と科学を否定した信仰を強いるための道具・兵器となる。二十世紀に入り、科学の破壊的要素は科学の恩恵を上回るようになったにも関わらず、神の名のもと・正義の名のもと、科学を破壊に用い続ける。

※「破壊」はなぜ無くならないのかは「人の道徳的な行動は何か」頁76で述べたい。

必要に迫られる。同じように人の摂理にも法則があり、それは社会の発展と伴い進化を続け、例えば人権をさらに一歩進んだ理解を求めるジェンダー平等・LGBTQなど、生成AIの台頭による雇用喪失・世論操作など、人口増加による資源の争奪・環境破壊など。社会が直面するこれらの問題はどの種の信仰にもあり、むしろ信仰が争いの種になっていることも多い。

結論、社会の進化より直面する様々な課題は人が自然の摂理、人の摂理の理解を深めてきた結果である。これらは常識・常態化すると、更なる対応が必要にある。これは道徳経の第一章の「可から極へ」に通じるところである。※するべきかどうかは別の話。

話を戻すが、ではこれより道徳経が語る哲学の理解を深めて行きたい。先ず道徳経が示す「自然の摂理」は何かを次章で述べ、後に「人の摂理」は何かを述べたい。

※これについては「人の摂理」頁71で述べたい。

【道教の哲学の部】

自然の摂理

先ず、自然の摂理の出発点、「創生・宇宙の始まり」、道教のこれらは何かを①道教の伝説と②老子の道徳経、の双方を述べてから、この二つはどのように繋《つな》がっているかを考察したい。

●道教の伝説による創生

道教の伝説によると、最初に存在したのは「混沌《こんとん》」、混沌は「太極（文字通り全ての極を含む大きさ）」の性質を持ち、その太極が渦を巻き、「陰」と「陽」に分かれ、陰陽から「八卦」が生まれた。その後、八卦の組み合わせ、八の乗数により「万物万象」が生まれたとしている。図：道教の伝説が語る創生

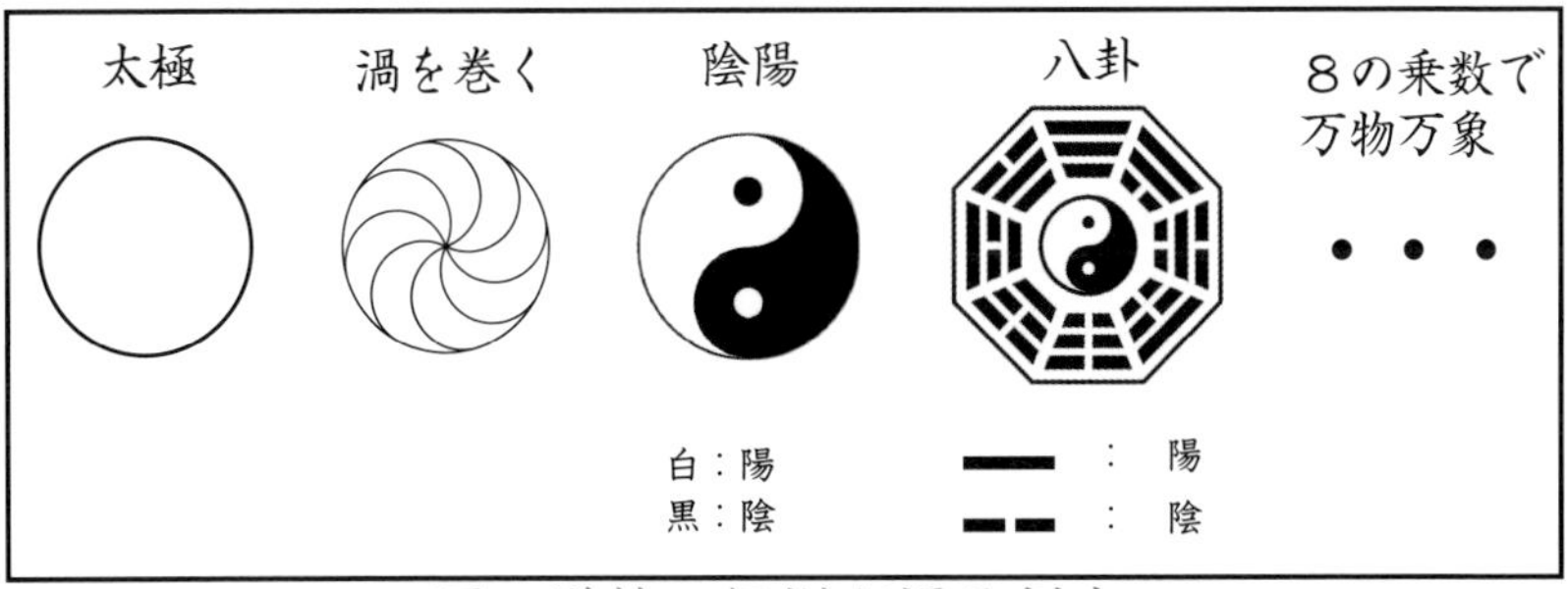

図：道教の伝説が語る創生

※これらの概念、「太極」頁55、「陰陽」頁57、「八卦」頁63は後程説明する。

では老子の道徳経はどう万物万象の創生・宇宙の始まりを書いているだろうか、それは第二十五章と第四十二章にある。

●道徳経が語る創生

◆第二十五章の上半　「有物混成《ゆうぶつこんせい》　先天地生《せんてんちしょう》（略）字之曰道《じしえつどう》」

訳すと、「『有物（現《げん》にある物）』は『混《こん》』より成りたち　混は天地より先に生まれ、（略）その『混』に『道《タオ》』と名付けよう」となる。（ここで老子は「始まり」に名を付ける）

老子が再び万物万象の創生について語るのは、第四十二章である。

◆第四十二章の第一句　「道生一《どうしょういち》　一生二《いちしょうに》　二生三《にしょうさん》　三生万物《さんしょうばんぶつ》　万物負陰而抱陽《ばんぶつふいんじほうよう》」

訳すと、「『道《タオ》』から『一』が生じ、『一』から『二』が生じ、『二』から『三』が生じ、『三』から万物が生じ、よって『万物』は『陰』と『陽』を『抱負』する」となる。

では、この道徳経の第二十五章が語る「混と道《タオ》」と第四十二章の第一句が語る「道《タオ》」、「一」、「二」、「三」は道教伝説の「混沌」、「太極」、「陰陽」、「八卦」とどう繋がるのか。

老子は「混《こん》と道《タオ》は等しく」と宣言したので、よって道徳経の「道《タオ》」と伝説の「混沌《こんとん》」は等しいと推論できる。次に老子は「道《タオ》から一が生まれた」なので「一」は伝説の「太極《たいきょく》（全ての極みを含む）」を指すと推論できる。次に「一から二が生まれた」なので「二」は伝説の「太極から陰と陽に分かれた」を指すと推論できる。

コラム「有物混成　先天地生」の誤解について

道徳経の第二十五章「有物混成　先天地生」と伝説の「混沌から陰陽が生まれた」を同列に捉え「天地」イコール「陰陽」とした見方は間違いである。何故なら道徳経は「陰陽」に言及するのは第四十二章になってから、しかもここだけであり、従って陰陽と天地の結びつきは原則ない。

「有物混成　先天地生」はただ「混」は「天地」より先に存在するのを語ったに過ぎない。

「天地」の成り立ちを正しく解釈すると、天地は陰陽と五行の自然の領域が合わさった結果、生まれたので、よって陰陽そのものだけでは天地にはならない。

※これについては後程「●八卦が示す自然」頁66でとりあげたい。

では、「二から三が生まれた」は、道教の伝説の何を指すのか、それは「八卦」を指すと考える。なぜならもし、「一」が「二」を生じ、「二」が「三」を生じ、とただ文字通り「一」を足していくものであるのなら、「一から万物は生じ」のような記載で十分済むはず。従って正しく解釈すると、「三」は既に生じた「二」の三つ、つまり「三つの陰陽」を組み合わせた二の三乗、「八」となり、よって道徳経の「三」と道教の伝説の「八卦」が等しいと結論できる。

これを更に裏付けるのは、いま述べた第四十二章の第一句の最後の記述、「三から万物が生じ、よって万物は陰と陽を抱負する」と伝説の「八卦から万物万象が生まれる」の伝承は共に「陰陽」の共通点を持つ。何故なら「三」は陰陽を抱負することと「八卦」は三つの陰陽を含むこと、この陰陽の共通点があるゆえに、道教の伝説が語る宇宙生成論と道徳経が語る宇宙生成論を繋ぐことが出来る。

老子の道徳経はそれ以降、万物の創生を語らなく、それは前述したように、道徳経の趣旨は神の偉業を讃《たた》えるよりは人の道徳の有り方を重視しているからである。

さて、これまで道教の万物万象の創生の流れを紹介してきたが、ではこれより創生に関わる、それぞれの要素、太極、陰陽、八卦の概念を詳しく述べたい。

太極

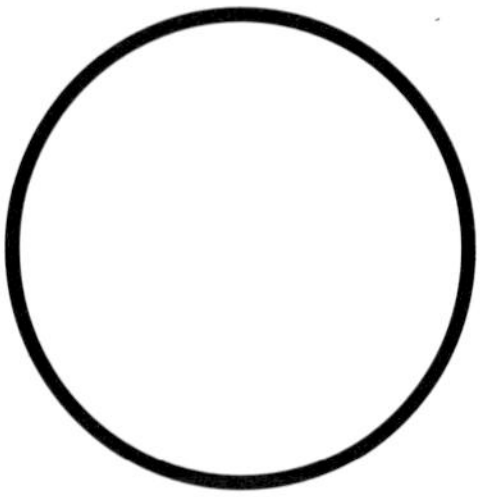

太極は「円」で示し、この円の中に全てが存在するという描写である。「太極」は文字通り両極端の全てを含む途轍もない大きさを意味する。また、前章に「混」、「道」、「太極」は等しいと述べてきた。では全てを包括する太極にはどのような性質があるのだろうか、それは「道徳経」二十五章の中半で語られている。

●太極には三つの性質があると老子は云う。

◆第二十五章の中半「強《きょう》為《い》之《し》名《めい》曰《えつ》大《だい》　大《だい》曰《えつ》逝《せい》　逝《せい》曰《えつ》遠《えん》　遠《えん》曰《えつ》反《はん》　故《こ》道《タオ》大《だい》」

訳は、「それ（道《タオ》）を強《し》いて認識するのであれば『大』と云えよう。『大』はいわく『逝』であり、『逝』はいわく『遠』であり、『遠』はいわく『反』であり、ゆえに『道』は『大』である。」

注目してもらいたいのは、老子はこの一行を以て、「道《タオ》」には①逝＝時間と
②遠＝増長の作用と③反＝委縮の反作用も語る。
①「逝」・移り逝く時間との関わり、つまり「陰陽」を示す。
②「遠」・遠く広がる増長に働く作用との関わり、つまり「五行の相生《そうせい》」を示す。
③「反」・逆へ返す委縮に働く反作用との関わり、つまり「五行の相克《そうこく》」を示す。
※これらについては後ほど「陰陽」頁57、「五行」頁68で詳しく述べたい。
イメージとして「太極」の内には、「陰陽（時間）」と「五行（領域）」の作用と反作用は創生の時から含まれ、これらの要素は太極から進化したよりは分離した見方の方が正しい。「混」はよく英語で「CHAOS（カオス）」・「混乱」と訳すがこれは間違いであり、「混合」・「AMALGAM（アマルガム）」のニュアンスの方が正しい。

結論として、老子は道徳経の第二十五章の上半をもって「有物」は「混沌」から成り立ち、その「混」に「道」と名づけた。続けて老子は同じ二十五章の中半に「道」は途轍もないほど大きく、三つの性質を持ち、①陰陽の時間の経過、②五行のプラスに

働く「作用」と③五行のマイナスに働く「反作用」があるとしている。

では太極から別れた「陰陽」は何かを先に述べてから後に「五行」を述べたい。

※「五行」は頁68で述べたい。

陰陽

太極が渦を巻き、二つに分かれて陰陽が生まれた。よって陰陽の描写の外の円は太極、中の二つの白黒の巴が陰陽である。また、太極の躍動により陰陽が生まれたので、よって陰陽は移りゆく時間を表し、白い巴は陽・始まりを示し、黒い巴は陰・終わりを示す。よく陰陽を状態とする見方、例えば天地、男女、表裏など、はあるがこれは間違いである。なぜならもし陰陽はただ状態を表すだけならば、巴の形ではなく、円を白と黒に半分して、交わらない対比とすればよいはずである。

陰陽はただ状態ではないのを更に指し示しているのは陰と陽のそれぞれの巴の中には

それぞれの対極の陰陽が含まれる。黒い陰の巴の一番太い部分の中央には小さな白い陽の丸があり、同様に白い陽の巴の一番太い部分の中央に小さな黒い陰の丸がある。これは陰と陽の中には、常にそれぞれの新《あらた》な対極の陰と陽が生まれることを示し、陽が極まれば（極限に近づけば）陰に転じ、陰は極まれば陽に転じるという意味である。

自明な陰陽の躍動の例としては、一日の明暗と月の満ち欠けがある。一日の明暗は、一日を通して太陽が昇れば明るくなり、沈めば暗くなるのを繰り返す。同じように一か月の月の満ち欠けは一か月を通して満月は新月へ変わり、また満月になるのを繰り返す。これらは刻一刻と移り変わる事象であり、固定した状態ではない。

残念なのはこの陰陽を状態とする間違った見方を更に、陽に肯定的、陰に否定的なイメージと結びつけることも間違いである。例えば「明暗」、「天地（高低）」、「男女」などの見方を「明暗」の暗に対して抱く不安という考えや、「天地」の地に対して持つ、高い場所は清い、低い場所は不潔という考えや、「男女」の力がある男が優位とした考えを持つことも間違いである。道教からすると、これら陰に対しての「負」の見方は事柄の本質ではなく、人の有利・不利の主観から生まれた偏見に過ぎない。陰と陽を巴とした、また大きさを同じに描写しているのは、陽と陰は善し悪しを示している訳ではなく、移り逝く時間を指し示している方が正しい解釈と言える。

結論、陰と陽がもたらす状態は陰陽が万物万象に時間の経過を加えた結果であり、その産物として「明暗」、「天地（高低）」、「男女」などがある。繰り返すが、道徳経が語る「万物万象が陰陽を抱負する」である以上、両極端のモノでも両者は時間で結ばれており、どちらも同等に存在するのである。残念ながら陰陽には多くの誤解があるので、それらを正すのと共にもう少し、陰陽の本質を詳しく説明していきたい。

では具体的に陰陽の本質をこれら対比と思われる「明暗」、「天地（高低）」、「男女」と、どう関わるかを述べたい。

◆陰陽・明暗の例

先ほど述べたが、明暗は固定した状態ではなく、明から暗、暗から明に移り行くさまを表している。太陽の軌道、月の満ち欠けによる明から暗を例としてあげた。

では他の例として挙げた「天地（高低）」や「男女」はどうだろうか。一見、時間と関係がない概念と思われるこれらにも、やはり陰陽の営みがある。

◆陰陽・天地（高低）の例

よく「太極が陰陽に分かれて天地が生まれた」と思われているがそれは正確ではない。太極は直接、天地に分かれたのではなく、先ず時間の陰陽が生まれ、その陰陽に五行の自然を含む領域が加わってから天地が出来るのが正しい。※これについては次の章、「八卦」頁63で紹介したい。もう一つ注意してもらいたいのは、陰陽・五行から成る「天」と「地」はあくまでも陰陽を通過した俗世界の「天地」であり、陰陽を経ていない「神の世界」の「天界」を意味する「天」を指している訳ではない。ましてや高い所は清い低い所は不潔、を含む対比とはまったく無関係である。この点に関しては、道教的な考えからすると逆に高い山の不毛な頂きよりは低い肥沃の渓谷の方がよいとする。もう一つ明確にしておきたいのは、天地は「天」と「地」そのものではなく、陰陽の時間の働きかけにより生まれた、「高」と「低」の見方のほうが正しい。

話を戻すが、陰陽が関わる「天地（高低）」は「高いところ」から「低いところ」に物体が移動してまた繰り返すことを示している。例えば高い山に降った雨は低い川、海へと流れ、天へ蒸発してまた雨となり、山へ降り注ぐ。もっと大きいスケールの例として岩石は地殻の隆起により天へ突き上げられ、風化により低いところに堆積し、生成と消滅を繰り返す。さらにスケールを大きくすると、超新星爆発により星屑は天に撒かれ、それは引力によって集められ、地となりそれを繰り返す。従って途轍もない時間をかければ、天地（高低）も陰から陽、陽から陰へと繰り返す。

◆陰陽・男女の例

男女の例が特別なのは、男も女も共に生き物なので、どちらも「陽」の存在である。男は陽、女は陰に分けるのは命を繋ぐ過程の役割であり、種を持つ「男」から「女」に渡す命、これこそは陰陽がかかわる男女の真髄である。男性は体が大きく強く、物事を始動する役割があり、女性は「陰」に陥らないように命を繋ぐ役割を持つ。男女は共に生き物なので、いかに陰に陥らないようにするかという努力が大事であり、さもないと、その個体はもちろん、社会そのものがなくなってしまう。よって男女の存在は対比ではなく命を繋げる、陰に陥らないようにするため、それぞれの役割を互いに補うものであり、決してどちらかが有利、不利ではない。ちなみに道教の祭事はよく男女が別々に座り、行事の進行は男性を先に、女性を後にするが、これは陰陽の法則に基づいているに過ぎず、決して優劣を示しているという訳ではない。残念ながら、この慣習、また陰陽の誤った優劣の固定概念は今に続く東洋の男尊女卑の思想の元になっている。

コラム　男尊女卑について

有史より現在まで存在する東洋の男尊女卑思想そのものは、陰陽の勘違いからである。男性の優位性は体の大きさとして潜在的にはあるが、命を繋ぐ役割としては女性の存在の方が大きいとも言える。

また、社会が熟成していくと、さまざまな、制度、法律は男性の物理的な力の優位性を制限する。だが、この男女を平等に扱うのは残念ながら決して人知の高徳から生じたものではなく、必要性からの産物である。例えば西洋の方が進んでいると言われる「婦人参政権」は決して人知の高徳ではなく社会問題、戦争に起因する妥協の産物に過ぎない。一番早いニュージーランドは飲酒撲滅のため、次のイギリスは第一世界大戦後に実施されたものであり、双方は効率性を求める社会問題に対しての妥協の産物であるのはよく知られている。遡る、民主主義の元祖といわれるギリシャのアクロポリスの市民権は人口の二割の男性にしか及ばず、残りの八割、女性を含め、奴隷、外国人らは参加できない。

以上らの例をもって陰陽は時間と深く関わることを理解したところで、では陰陽を含む次の単位八卦を説明したい。

八卦

八卦は、八角形で表し、太極と陰陽と重ねて描写する。よって真ん中の円は太極、白黒の巴は陰陽、外郭の八角形のみが八卦である。その八卦は文字通り八つの辺があり、それぞれの辺を「卦」と称する。個々の「卦」は三本の線で構成し、「切れていない線」は「陽」、「切れている線」は「陰」を表し、すなわち八卦は三つの陰陽、二の三乗の組み合わせにより構成され、それぞれ異なる八個の「卦」となる。図：八卦のそれぞれの「卦」

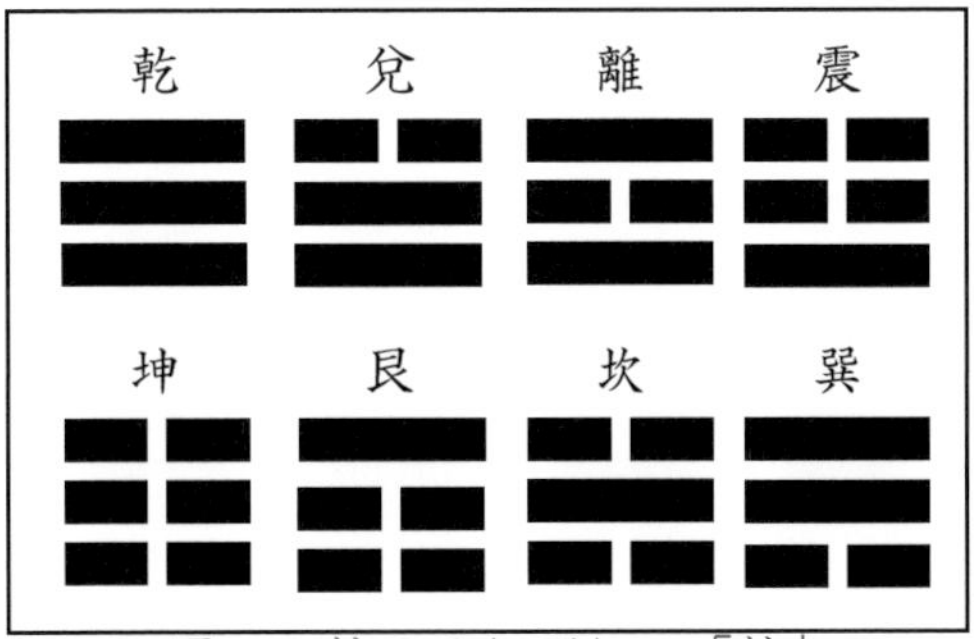

図：八卦のそれぞれの「卦」

八卦は万物万象へ展開していく上で、太極に含まれる①時間の要素・陰陽と②領域の要素・五行が加わることにより、それぞれの「卦」には異なる事柄となる。

では先ず八卦に含む陰陽の要素を述べ、次の章は八卦に含む五行の要素を述べたい。

●八卦が示す時間の要素、一年の移り変わり

以前も述べたが、自明の陰陽（始まりと終わり）は一日の太陽の昇沈、一か月の月の満ち欠けで表せるが、ではもっと大きな時間の単位一年はどう表すのか。

一年は十二か月あるため、陰陽

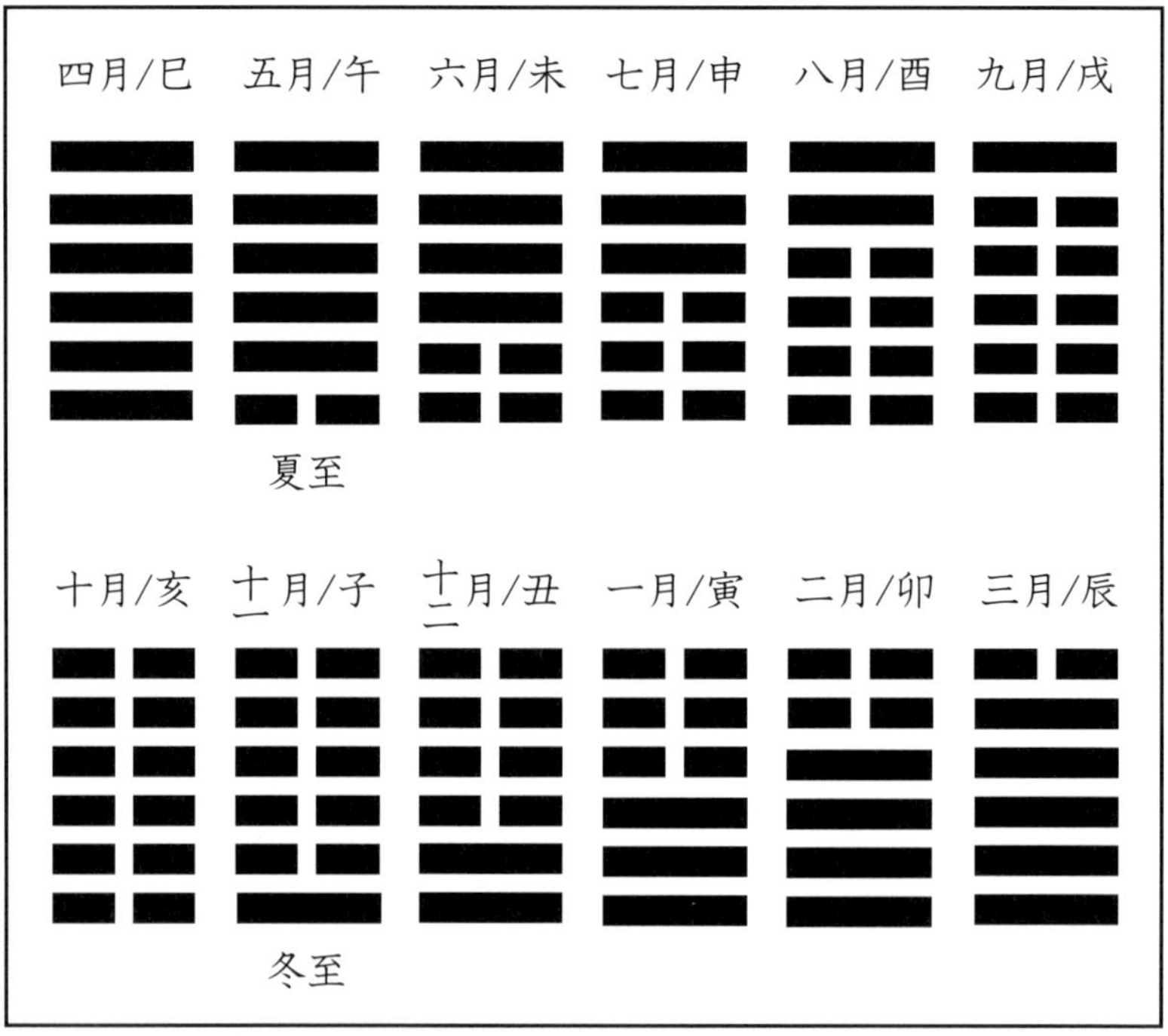

図：二つの卦で表す十二か月

の二つ、八卦の八つだけでは数が足りず、十二を示すには二つの八卦を組み合わせた、六十四卦が必要にある。例えば、旧歴四月は二つの陽のみの卦「乾」を重ねて表し、旧暦十月を二つの陰のみの卦「坤《こん》」を重ねて表す。図：二つの卦で表す十二か月　他の月は四月から進むごとに一つずつの陽が陰に替わり、陽が全部陰に入れ替わる十月から一つずつ陰が陽に入れ替わり、六つの陰が陽に代わり四月となる。この切れ目の無い進行は延々と続く陽から陰、陰から陽を表すのである。

ではなぜ旧歴四月は六本の陽で表すか、それは次の旧歴五月（午《うま》の月）は日照が一番長い「夏至」を含む月だからである。旧歴五月の一つ前の旧歴四月は陰へ転ずる一歩手前の極みの月として、陽に満ちた六本の陽で表す。その対照として、旧歴十月は旧歴十一月（子《ね》の月）日照が一番短い「冬至」を含む月の一つ前の月、ゆえに陽へ転ずる一つ前の極《きわ》みの月として、陰に満ちた六本の陰で示すのである。

図：夏至・冬至（満ちれば転ずる）

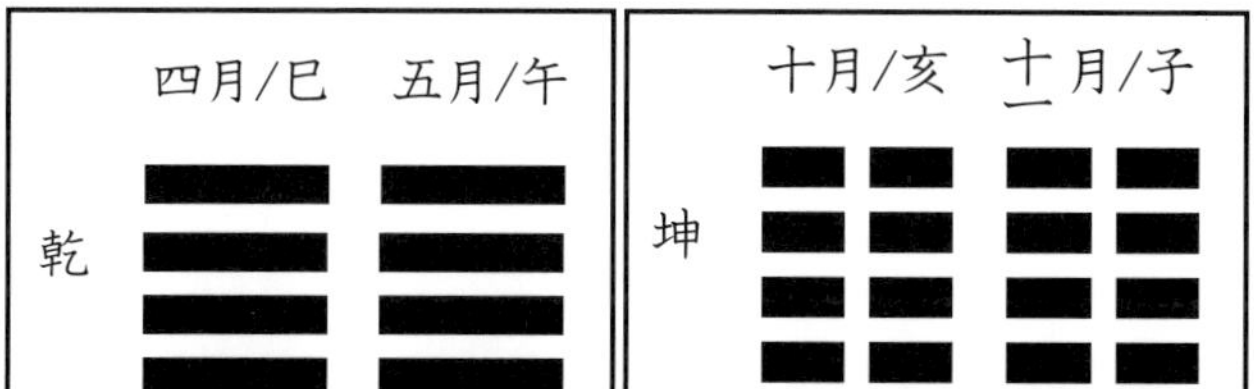

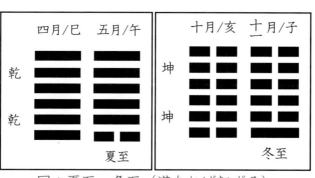

図：夏至・冬至（満ちれば転ずる）

●八卦が示す自然

自然の領域は「先天八卦」で表す。八卦の一辺「乾《かん》」は「陽、陽、陽」、「天」を表し、別の一辺「坤《こん》」は「陰、陰、陰」、「地」を表す。他の卦は、「山」と「沢」、「火」と「水」、「雷」と「風」を表し合計で八個の卦になる。図：先天八卦・卦の違い　興味深いのは、向かい合った「卦」は互いの対照の陰陽で示し、天の対照には地、山の対照には沢、火の対照には水、雷の対照には風がある。このように向かい合う卦が対照になるのは「先天八卦」の特徴であり、自然の摂理が説明できるとしている。更に興味深いなのは陰陽の視点からみると陽が多い方が動的なので、天は地より、火は水より、沢は山より、風は雷よりは動的であると分かる。

図：先天八卦・卦の違い

●八卦が示す人間関係

人の領域は「後天八卦」で表す。「乾」は「父親」、「坤」は「母親」、他には「長女」、

「中男」、「少男」、「長男」、「中女」、「少女」の合計八つになる。図：後天八卦・卦の違い　興味深いのは先天八卦とは違い、向かい合った「卦」は必ずしも互いの対照の陰陽ではない。さらに興味深いのは、母親以外の女性は、父親を除いて、他の男性より陽が多く、より動的である。解釈として、女性は嫁《とつ》ぐので男性よりは動的ではある。

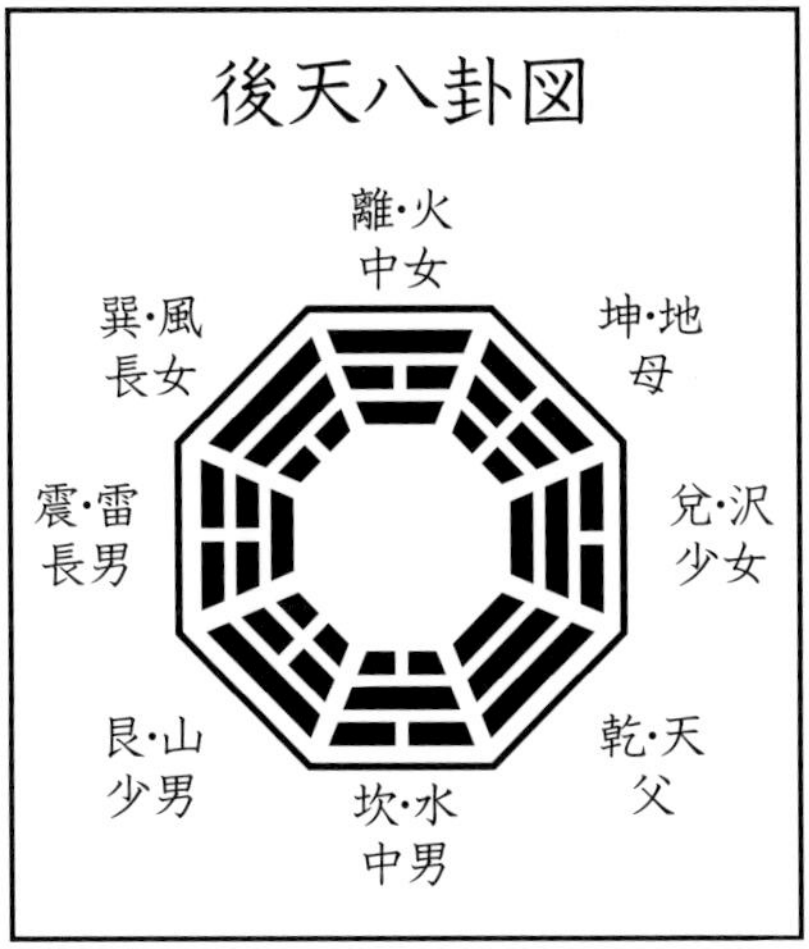

図：後天八卦・卦の違い

コラム　先天八卦図と後天八卦図について

先天八卦図における卦の配列は古代中国神話に登場する伝説上の帝王「伏羲《ふぎ》」が太極から始まる宇宙創生を表した、天地自然の本質の図となっている。※伏羲は女媧と共に人類の始祖とした伝説的存在である。

一方、後天八卦における卦の配列は周の「文王《ぶんおう》」が倫理道徳を地上に住む人間関係に見立てたものとしてある。※文王は中国殷代末期の周国の君主。中国古代理想的な聖人君主の典型とされる。

結論、八卦は三つの陰陽を含むゆえに時間と深く関わり、また、八卦は万物万象の最小単位として、その乗数の組み合わせで①先天八卦は万物万象・自然の摂理、②後天八卦は人の摂理を説明できるとされている。この関係性は中国易の基礎となるが、本書は中国易を説明するのが目的ではないので以降、八卦と占いとの関係性は割愛する。

ではこれより八卦と共に、万物万象が含むもう一つの要素「五行（領域）」を述べたい。

五行

陰陽と陰陽から生じた八卦は前章、詳しく述べてきたが、では五行はどの様な性質があるかを述べたい。

五行は万物万象を五つに分け、「方角の領域」は「東を青」、「南を赤」、「中心を黄」、「西を白」、「北を黒」の五色で表す。「物質の領域」は「木」、

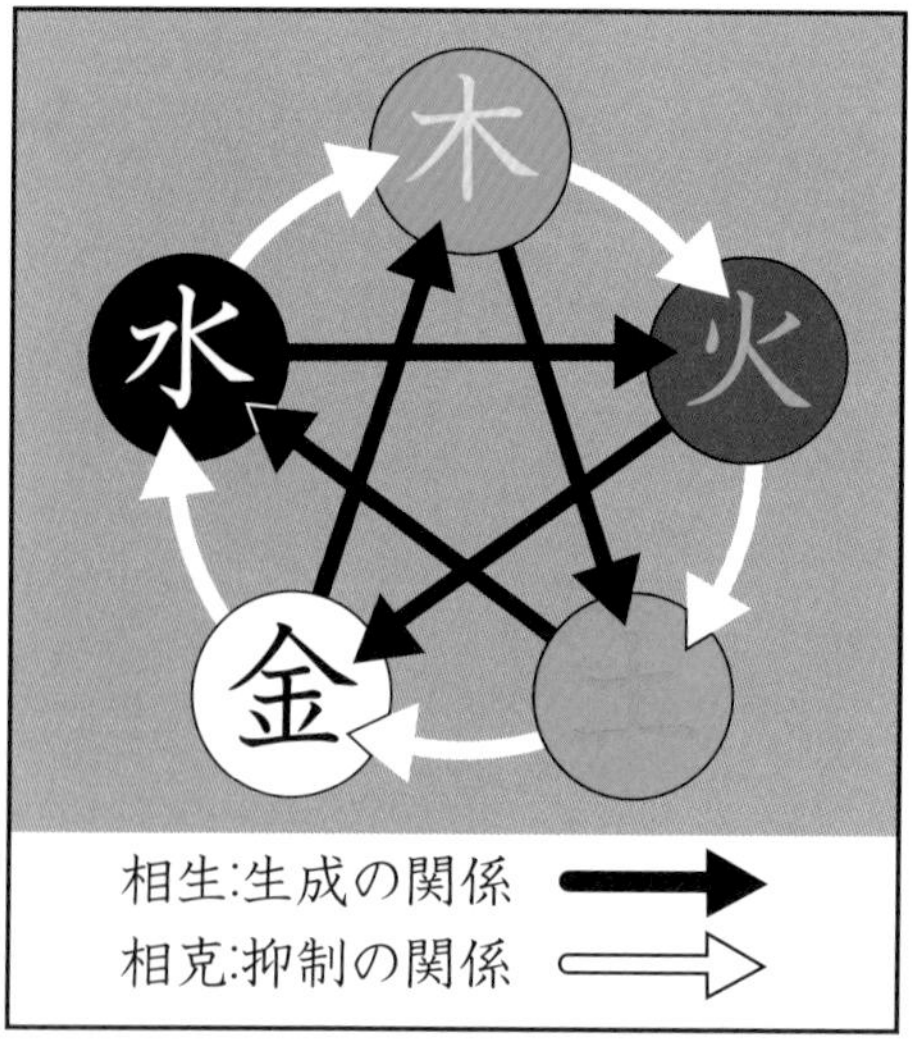

図：五行の相生・相克の関係性

「火」、「土」、「金」、「水」と分け、五元素としている。他にも感情（五感）、臓器（五臓）、果実（五果）、味覚（五味）などがある。

この五つの要素は互いに相関を持ち、プラス・相乗に働くことを「相生《そうせい》」と称し、マイナス・相殺に働くことを「相克《そうこく》」と称し、五つ巴として表す。これは道徳経の二十五章が語る「遠」と「反」である。図：五行の相生・相克の関係性

※「相生」によりその要素は増幅する。

・木は燃えて火を生み育む
・火は物を灰にし土が生む
・土の真中から金属は生む
・金属の結露にて水を生む
・水は木に潤いを与え育む

※「相克」によりその要素は減衰する。

・木の根は広がり土を砕く
・土は堤防として水を塞ぐ
・水は上から撒き火を消す
・火は高熱で金属を溶かす
・金属は斧として木を伐る

陰陽に於いては、陰陽の二つだけでは五つの五行は顕現《けんげん》できず、八卦の八つをもって始めて現れるのである。八卦のそれぞれの辺の卦は、「乾」は「金」、「兌」は「金」、

「坤」は「土」、「艮」は「土」、「巽」は「木」、「震」は「木」、「坎」は「水」、「離」は「火」になる。従って先天八卦、後天八卦のそれぞれの卦にも該当する、それぞれ五行の要素が含まれる。注目してもらいたいのは五行と八卦があって始めて万物万象が顕然化するのである。

図：先天八卦、後天八卦が含む五行

結論として、五行の「相生」は増長を表し、加えれば加えるほど増え、遠くへ及ぼす考え。反面、「相克」は萎縮を表し、加えれば加えるほど小さく萎んでいく考え。万物万象はこの五行の領域の要素と八卦に含む、陰陽の時間の要素、これら時と空の両要素をもって、道教の根幹概念「陰陽五行説《いんようごぎょうせつ》」となる。

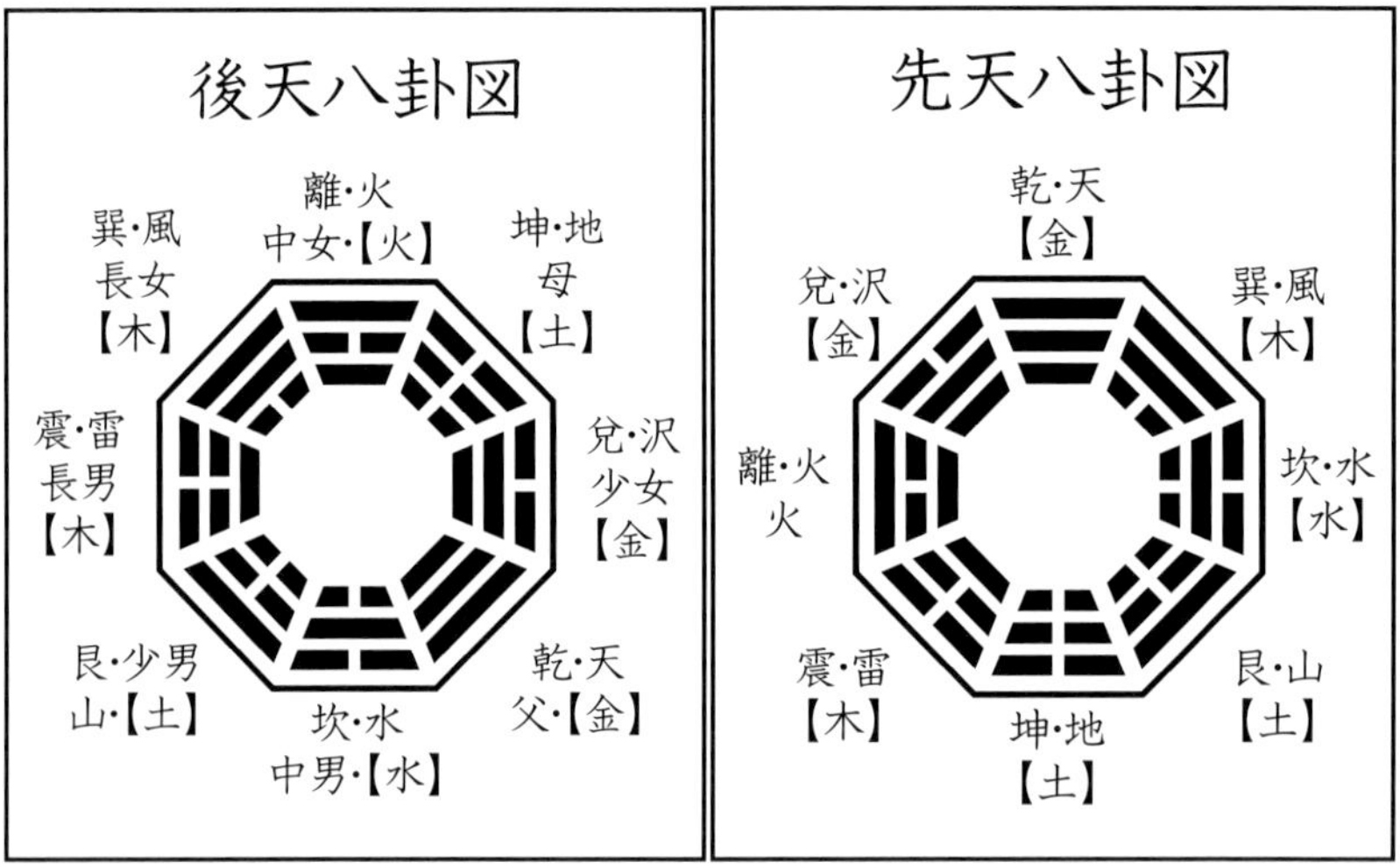

図：先天八卦、後天八卦が含む五行

以上述べたのは「自然の摂理」の道《タオ》であったが、では次に述べるのはもう一つの道《タオ》、「人の摂理」である。

人の摂理

では、道徳経第一章は具体的にどう人が「道《タオ》」に向き合うべきかを語っている。

●第一章の第一句
「道可道非常道《どうかどうひじょうどう》」は万物万象を網羅する「道《タオ》」の範囲の宣言である。

●第一章の第二句
「名可名非常名《めいかめいひじょうめい》」は「道《タオ》」に対して人の認識の範囲を宣言している。

注目してもらいたいのは、「道《タオ》」の認識範囲は「可（まあまあ）」から「非常」の両極端、つまり最高から最低までを含んでいることである。老子は「可」の一文字を入れることにより、「非常」はただ状態を示している訳ではなく、人は「可」から一歩前へ進むことができ、またその必要があると説いている。

第一章はさらに続く。

●第一章の第三句、第四句

「無名天地之始《むめいてんちしし》」「有名萬物之母《ゆうめいばんぶつしぼ》」

訳　認識がなくてもそこには天地の始まりがあり、認識あればそこには万物の母がある。

つまり、「道《タオ》」は人の認識がなくとも古から存在し物事を支え、人は「道《タオ》」を認識することで初めてその「道《タオ》」の概念に気付くことができる。

次に老子は人がその認識した「道《タオ》」と、どう向き合えばよいのか、またどのような心構えを持つべきかを説いている。

●第一章の第五句、第六句

「常無欲以観其妙《じょうむよくいかんきみょう》」「常有欲以観其徼《じょうゆうよくいかんききょう》」

訳　常に道に対して欲がなければそれは微妙としか観られず。常に道に対して欲があればそれの区別を観ることができる。

つまり、欲をもって「道《タオ》」を観ればその区別が分かり、そうでなければ些細と思う。

その後、道徳経は「聖人」に語りかける。「聖」は人の「賢さ」、人の誰もが備えるこの賢さをもって、道《タオ》を理解するべきであると云う。聖人、特に為政者と称する者は欲をもって「極」を求め、それが「可」となった時点で更なる「極」を求めて先へ先へと進むべしとする。この道《タオ》への認識を深める努力こそが道徳的であると道教は考える。

次に老子は以下をもって、聖人に警鐘を鳴らす。

●第五章の第一句、二句

「天地不仁、以万物為芻狗」「聖人《せいじん》不仁《ふじん》、以《い》百姓《ひゃくしょう》為《い》芻狗《すうく》」

訳　天地は万物から共感を失うとただの偶像となる。聖人は百姓から共感を失うと同じようにただの偶像となる。

つまり、天地でさえ恩恵をもたらす存在と思われなければ廃れる、ましては聖人ごときが人心・共感を思わせる振る舞いがなければ廃れると。

では聖人はどの様なこころ構えを持つべきか、を老子が述べる。

●第三十九章の後半

「高《こう》以《い》下《げ》為《い》基《き》　是《ぜ》以《い》侯《こう》王《おう》自《じ》謂《い》孤《こ》寡《か》不《ふ》穀《こく》」

訳「高」は「下」を以て基礎と為《な》す。そうであれば、王はこの意味からすると「孤独」、「少数」、および「非生産」である。

つまり、聖人は民に依存しているので仁の心構えを持たないと存在できない。それとは異なり、天地の神は人に依存しないので廃れても自然の摂理は存在し続ける。

老子はこうも諭す。

●第三十六章の「将欲歙之《しょうよくきゅうし》　必固張之《ひこちょうし》」

訳　相手を縮めようとすればするほど相手は頑《かたく》なに伸びようとする。

つまり、強要すれば必ず抵抗がある。だが、抵抗があるからしない方がよいとは言ってなく、「仁」の認識をもって乗り越える覚悟・努力・知識は必要であるとしている。

※この一句は無機質な自然の摂理にも当てはまる。例えば金属加工で生じた摩擦熱が更なる加工を難しくする。よって加工により生じた熱を冷ます手立てが必要になる。

その後、老子は道徳経を通して聖人の「国の治めたか」を語り続ける。何故なら聞き手の「尹喜」はそう聞いたからである。※老子と尹喜の出会いは「老子」頁37で紹介した。

老子の国の治め方の全貌をここで紹介するには限界があるので、別の機会で詳しく述べる。※別書「道徳経再訪」参照。

結論、老子は道徳経を通し、聖人、特に人の上に立つものは「自然の摂理」に対しての畏れと同様、「人の摂理」に対しても謙虚な仁の認識をもって行う必要はあると云う。

また、聖人は大きな権力を持ちながらも自然、社会に支えられていることを理解し、「仁」に、基づいた、道徳的な行動を必要であると云う。

では、具体的に「人の摂理」が要求する、道徳的な行動は何かを紹介したい。

人の道徳的な行動は何か

道教ゆえに人の行動にも陰陽がある。

「陽の行動」は物事を始める行動、例えば「作る」、「生み出す」、「与える」などの建設的な行動。反面、「陰の行動」は物事を終わらせる行動、例えば「壊す」、「殺す」、「奪う」などの行動。先ほど述べたが「太極」は全てを網羅する以上、陽の行動の先には更なる陽の行動があり、同じく陰の行動の先には更なる陰の行動がある。加えて万物万象の本質的には陰陽を含む以上、常に陽から陰へのバイアスがかかっているので陽の行動より陰の行動は遥かに容易に行うことができる。図：人の陰陽の行動

例えとして、陽の行動を続けるのは川の流れに逆らって遡上するようであり、反面、

陰の行動を意図的に行うと陰へ加速して底知れぬ陰を知ることになる。よって陽の存在である人がなすべきことは陰に陥らないように常に陽の行動を行い、陰の行動を遠ざける努力が必要となる。

従って道教からすると、陰へのバイアスに逆らう人の陽の行動は陰の行動より遥かに難しく、道徳的であるとしている。残念ながらこの陰へのバイアスにより陰の行動は達成感が大きく、また、成功体験を得やすい。よって陰の行動は非道徳的、残忍であってもなかなか無くならない。達成感からすると例えば橋の最後の一メートルを完成しないと使えないが、反面一メートルを壊せば使えなくなる。

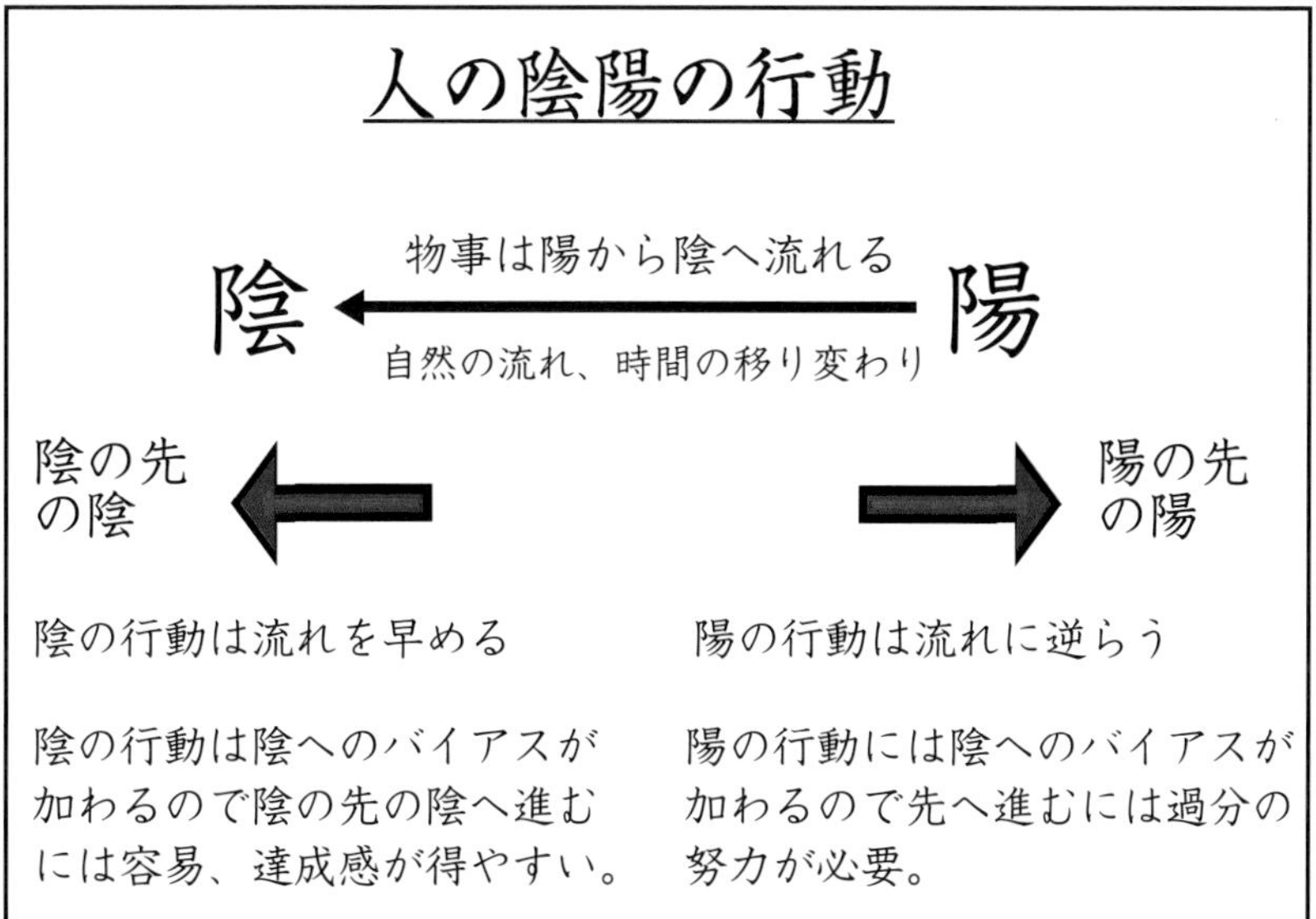

人の陰陽の行動
物事は陽から陰へ流れる
陰
陽
自然の流れ、時間の移り変わり
陰の先の陰
陽の先の陽
陰の行動は流れを早める
陽の行動は流れに逆らう
陰の行動は陰へのバイアスが加わるので陰の先の陰へ進むには容易、達成感が得やすい。
陽の行動には陰へのバイアスが加わるので先へ進むには過分の努力が必要。

図：人の陰陽の行動

以上をもって道教の「自然の摂理」と「人の摂理」の哲学を理解したところで、ではこれより道教の信仰を絡めて道教はどう神を考えるか、について紹介し、最終的に道教の神々はどう人の善し悪しの行動に報いるのかを述べたい。

【道教の信仰の部】

道教は中国発生の伝統宗教であり、伝説と伝承が根幹にある。他の宗教と同じく神が世界を作り、司るとしているが異なるのは、神は信仰の有無と関係なく神が「道《タオ》」といった摂理をもって宇宙と社会を支えている。よって道教はアブラハムの宗教のように強《し》いられた人々のために天国の概念は持たず、また仏教のように生きる苦しみから人々を解放するための浄土のような概念もない。道教では社会の理不尽、身体の病苦・衰えは「道」の摂理の一部であり、信仰により優遇される考えはない。※これについては後程「道教の神の役割と人との関わり」頁118で述べたい。

道教の神の概念

個別の神については後ほど紹介するが、まず道教の「神」の概念を述べておきたい。
道教は多神教であり、神々はあらゆる万物万象、天象、地象、人間関係、人の感情などにも施しがあると考えられている。神の存在なくしてその「万物」、その「万象」は存在することは無く、また、その万物、その万象が存在するのであれば、そこには神の施しがある。よって事象・表象は新しく生まれてくるのではなく、古から存在し、人がそれら万物万象を認識したとき、初めてその存在に「気付く」にすぎない。従って、物事は発明するのでなく発見する見方の方が正しいと考える。例えば電球は発明としてはいるが、電球の仕組みを裏付ける量子力学が自然界に存在し無ければいくらアイデアがあっても、それはただのSFであり不可能である。

では、道教は神と言う存在をどう描写するのか。

道教の神々の見た目

道教の神は、人間の形として描写されており、それは人間がそうとしか神々を見られないという考えによるものである。万物万象は陰陽を抱負している以上、人の神に対しての認識そのものも陰陽の範囲にある。また、神は「極み」の存在であるゆえ、人の神への認識も男性か女性のどちらかとしか見られない。男性として見る神は「陽」、すなわち始まりの役割を持ち、女性として見る神は「陰」、すなわち終わりを遠ざける役割を持つ。以前も述べたが注意してもらいたいのは、人は男女共に陽の存在である、なので女性は陰側にはあるが陰そのものではなく、陰を遠ざける存在としている。

神は極みの存在なので、男性の神の

画：東華帝君（聖天宮壁画）

描写は男性らしさを強調するため髭が長く、女性の神は天女のように麗しい。基本、中性的な神の存在はなく、若い髭のない男性の神々はいるがその服装で男女が区別できる。画：東華帝君《とうかていくん》（男性の仙人をまとめる神）、西華金母《せいかきんぼ》（女性の仙人をまとめる神）

従って、道教では、日本の神々のように自然そのもの、例えばご神木、霊山などを神として崇拝しても、道教の場合はそれらを人間の形をした「木」の神、人間の形をした「山」の神とする。また、仏教のように仏は性別を越えた存在とした中性的な描写、キリスト教の「神は人をご自身に似せて創造した」、特に男性の姿としての描写とはまったく異なる。

画：西華金母（聖天宮壁画）

ではこれより具体的に道教のどの神が、道教の伝説と哲学が語る太極から万物万象を指すのかを述べたい。

道教の伝説と哲学が示す道教の神々

おさらいにはなるが、道教の創生、太極から万物万象が生まれた①伝説と②道徳経の第四十二章の第一句、は以下のように繋がっている。

①道教の伝説
混沌は太極、太極は陰陽に分かれ、陰陽は八卦になり、八卦から万物が生まれた。
②道徳経の第四十二章の第一句
「道生一　一生二　二生三　三生万物　万物負陰而抱陽」

よって、伝説と哲学を合わせると、「太極」は「一」、「陰陽」は「二」、「八卦」は「三」、その後「八卦」から「万物万象」と伝播していくのである。※これについては「自然の摂理」頁51で述べた。

では、「一」・太極、「二」・陰陽、「三」・八卦、これらは具体的に人と関わるどの神を指しているのか。

「一」は「天帝」

「一」は伝説の「太極」を指し、道教の最高神である「玉皇高上帝《ぎょくこうこうじょうてい》」を示している。玉皇高上帝は天界の帝《みかど》、「天帝」として全ての神を支配し、あらゆる天象地象を司る。以前も述べたが、天帝は北極星と同一視され、星々が北極星を軸にして回ることは道教のお宮の北側に本尊を配置する、また都の権力を北に置き南を向く風習もここから由縁する。※これについては「●道教の建物の向きと陰陽」頁27で述べた。

全てを司る天帝はすべてを司るゆえに両極端、善きも悪しきにも通ずる存在であり、伝説の太極と等しい。また、天帝の施しは「甘露（天の恵みの雨）」として分け隔てなく、善き者にも悪しき者にも平等に注《そそ》がれる。例えば雨などの「天の恵み」は善悪と関係なく、万物に降り注ぐ、ゆえに天帝は全てを超越した有り難い存在である。別名「天公《てんこう》」という愛称を持ち、「公」には尊敬と親しみの両方のニュアンスがあり、日本でも使われ、例えば「御老公《ごろうこう》」など。天公に関してはこの様なことわざがある「天公疼戇人《てんこうとうとうじん》（天公は愚鈍《ぐどん》をかわいがる）」これは博愛を意味する。

●天公のご神像について

一般的に天公のご神像は王笏《おうしゃく》を持つことが多く、命令・判決を下す権限を有する意味である。ご神像のないお宮は壁画に天公の姿が描かれ、同じく王笏を持つ描写が多い。画：天公の壁画（聖天宮壁画）

●天公の参拝について

道教のお宮には各々主神を参拝する炉と天公を参拝するための「天公炉《てんこうろ》」が共にある。天公の参拝がとてもユニーク

画：天公の壁画（聖天宮壁画）

と言えるのは、天公のご神体を祀っていないお宮でも、天公への参拝をする。天公は天の恵みを司る神なので、「天」への参拝は文字通り「空《そら》」に向かって行う。それぞれのお宮の主神の参拝と区別するため、主神の参拝は本殿内に向かって行い、天公の参拝は外に向かって行う。従って天公炉の配置は、本殿の屋根が懸からない、軒から外れた部分に、本殿の炉と対面して置かれる。雨にあたるため屋根付きが特徴の炉である。

画：天公炉・屋根付きが特徴

例外として、「天公」そのものを祀るお宮では、天公のご神体を本殿に鎮座しているため、天公炉も屋内に置き、参拝は奥に向けて行う。例えば台湾台北郊外の木柵《もくさく》にある「指南宮《しなんきゅう》」がよく知られている。

画：天公炉・屋根付きが特徴

●天公の参拝作法について

先ず、六本の線香を持ち、本殿を背にして天公炉の前に立つ。空に向かって約四十五度の角度で天を仰ぎ、天公に対して感謝の一礼をする。先ほども述べたが、天公は道教の最高の神でありながら、平等に天の恵みを与えるため、お願いをすることなく、感謝の一礼のみが基本の参拝になる。一礼後、六本の線香のうち三本を天公炉に挿し、手元に残る三本は本殿に振り返り、本殿内のご本尊にお願いをする。

※ご本尊の参拝は、「●三清道祖の参拝作法」頁89で紹介する。図：天公と本尊の参拝向き

注目してもらいたいのは、参拝に用いる線香の数は三本の倍数である。六本のうち三本は天公の参拝、三本はご本尊の参拝になること

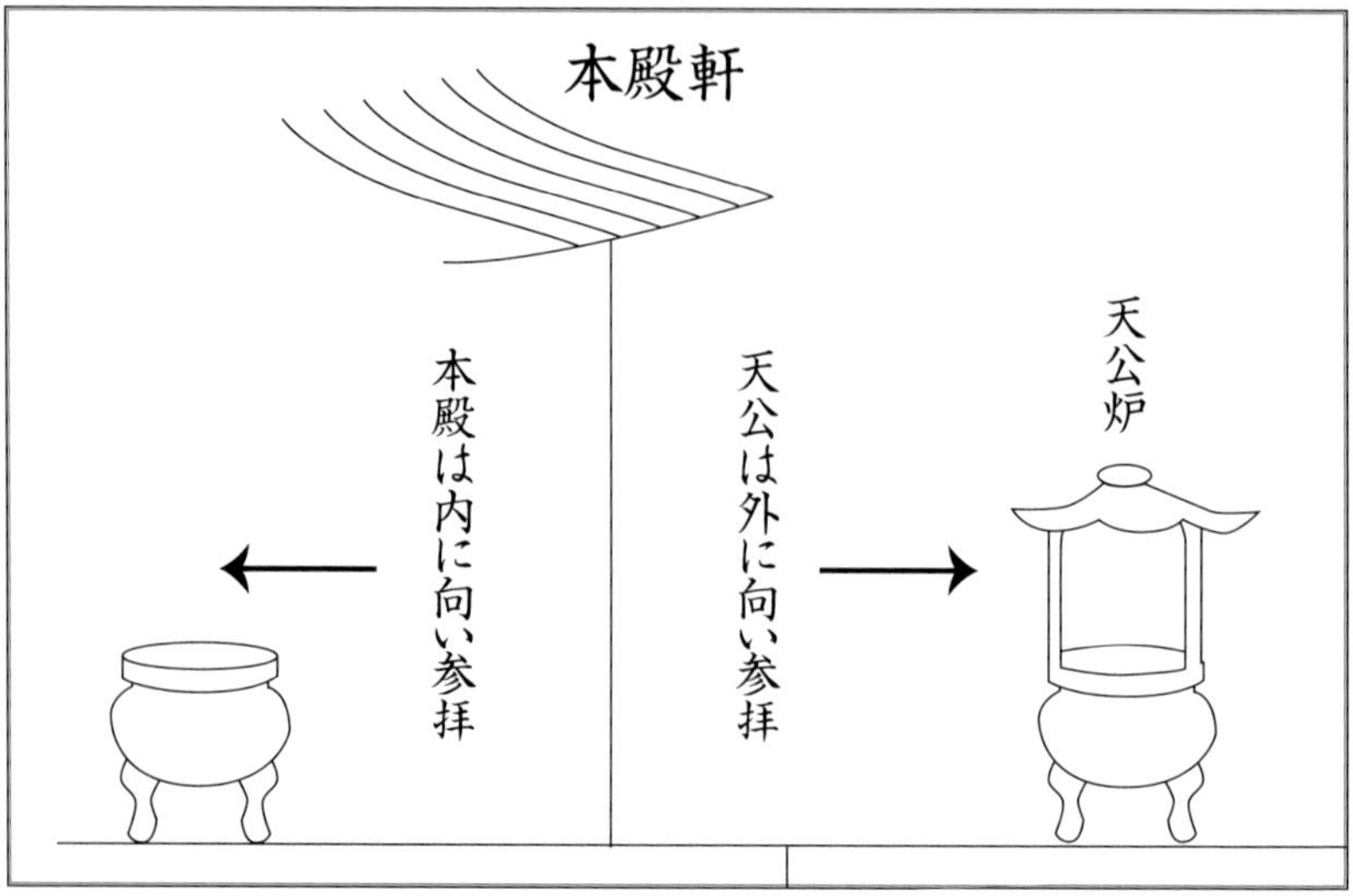

図：天公と本尊の参拝向き

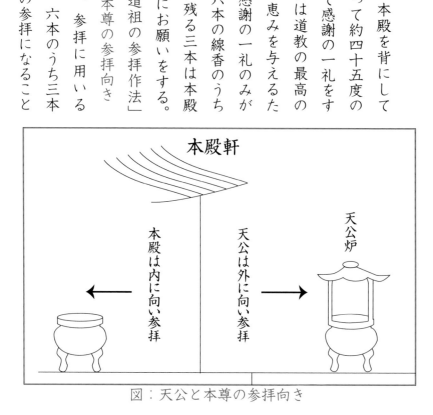

である。※「道教の参拝はなぜ線香を三本使うのか」頁96で述べたい。

「二」は「南斗星君《なんとせいくん》、北斗星君《ほくとれいくん》」

「二」は伝説の「陰陽」を指し、陽から陰へと移り行く、人の生死に関わる神、南斗星君、北斗星君を示す。

◆「南斗星君」は陽
人の「生《せい》」を司り、生まれる行き先を決する神であり、始まりに通じる。
◆「北斗星君」は陰
人の「死《し》」を司り、寿命を決する神であり、終わりに通じる。

●南斗星君と北斗星君のご神像について
一般的に南斗星君と北斗星君のご神像は、両手で王笏を顔の前に持ち、命令・判決を下すことを表している。ちなみに、北斗星君は陰側に在りながら女性として描写しないのは、陰を遠ざける役割よりは死期を決する役割が重視されているためであり、死期を延ばすのが目的ではない。図：北斗星君・模式図（聖天宮北斗星君を参考）

●南斗星君・北斗星君の参拝について

天公と違い、南斗星君と北斗星君を祀らないお宮では炉はなく、参拝をしない。お宮に南斗星君と北斗星君が祀られている場合は、次の作法で参拝を行う。

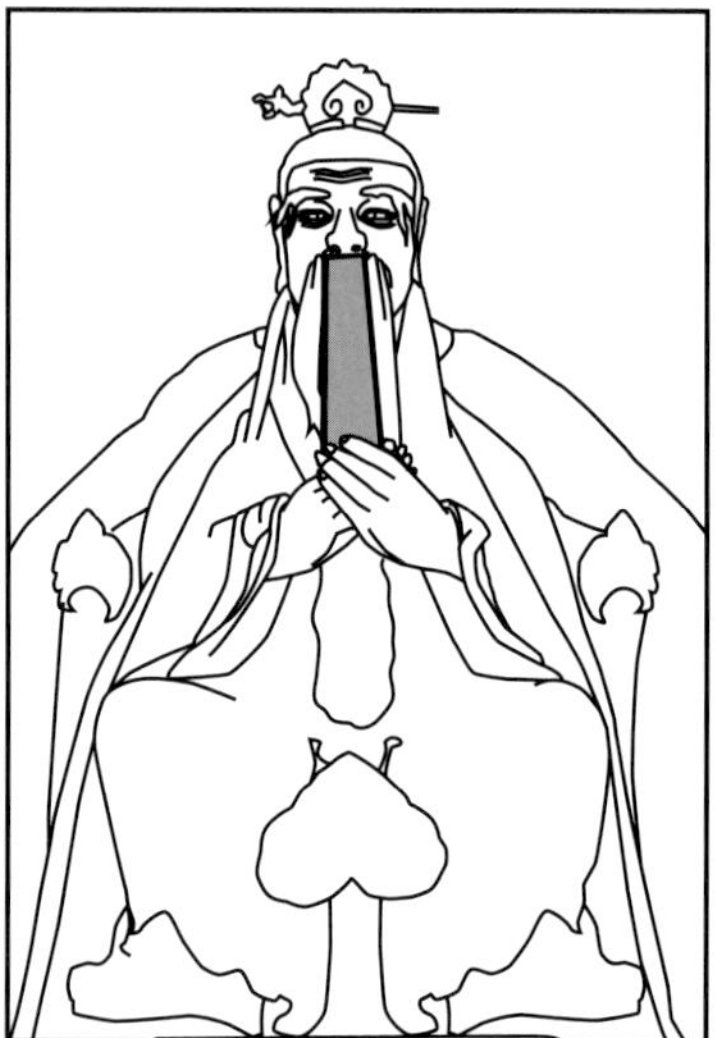
図：北斗星君・模式図

●南斗星君と北斗星君の参拝作法

基本は手を合わせ、敬意を示す一礼をするのみでよい。まずは南斗星君に生命の授かりに感謝する一礼をしてから、「北斗星君」にこれからも末永く見守ってくださいと一礼《いちれい》をする。「南斗星君」に子供が授かるようにと願い、北斗星君に延命を願うなどの特別な気持ちで線香を上げることもあるが、基本はお願いをしない。

「三」は「三清道祖《さんせいどうそ》」

先ほども述べたが「三」は伝説の「八卦」を指し、三つの「陰」と「陽」の組み合わせで「八卦」となる。この三つの陰陽はそれぞれ「三清道祖」の三神、「元始天尊《げんしてんそん》」、「道徳天尊《どうとくてんそん》」、「霊寶天尊《れいほうてんそん》」を示す。三清道祖の名は文字通り、「三つの清い道（タオ）の祖（はじめ）」、万物万象が抱負する三つの陰陽を司る神々である。人にもこの三つの陰陽があり、一陰陽は「魄《ぱく》（物質の体・若から老）」、一陰陽は「行い（人の陽から陰の行い）」、一陰陽は「魂《こん》（生命の終始の推進力）」に当てはめられる。人はこの三要素を含めてはじめて人となると考えられている。三清道祖はこの三要素を司るため、天公に次ぐ二番目の位の神ではあるが、人がお願い出来る神としては一番位《くらい》が高い。（※以前も述べたが天公にはお願いしないが三清道祖にはお願いをする）

次に三清道祖のご神像の造形が持つ意味を詳しく述べたい。※聖天宮の三清道祖の神像を一例として挙げる。

◆「元始天尊《げんしてんそん》」

由縁＝万物の物理的な成立ちを司る、天地創造の神。

胡坐《あぐら》を組んだ座像の姿勢。右手は大腿にあり、左手は「拂子《ほっす》」を掲げた姿。この印相は万物を具現化することを表し、拂子を上から振り下ろすことにより人々に物質を与える。三清道祖、三神の「倹《けん》、慈《じ》、謙《けん》」の「倹」の象徴であるため、物に翻弄されない営みであるべきという教えになる。

※ご利益：商売繁盛、病気平癒、財帛安寧、遷移安全、合格成就など。願うことは物理的な達成が主にある。図：元始天尊・模式図（聖天宮元始天尊を参考）

図：元始天尊・模式図

◆「道徳天尊《どうとくてんそん》」

別名「太上李老君」には、老子の姓である「李《り》」が含まれている。

由縁＝万物を導く「道《タオ》」を司る神。老子として降臨され、「道《タオ》」を説いた。※これについてはすでに「老子」頁37で詳しく述べてきた。

胡坐を組んだ座像の姿勢。右手は右肩の前、左手は心臓に近い左わき腹にある。この両手の上下の印相は「道《タオ》」の司りと「道《タオ》」の「非常の両極端」への授与と悟りを表す。三清道祖の三神の「倹、慈、謙」の「慈」を象徴するため、教えは慈しみを持ち「道《タオ》」の両極端を認識するべきとしている。

※ご利益：子女孝行、夫婦円満、兄弟合好、良縁成就、交友良好など。願うことは道義的な調和が主にある。図：道徳天尊・模式図（聖天宮道徳天尊を参考）

図：道徳天尊・模式図

◆「霊寶天尊《れいほうてんそん》」

別名「通天教主《つうてんきょうしゅ》」

由縁＝万物の「魂」を司る神。胡坐を組んだ座像の姿勢。右手に掲げた「拂子」を振り下ろすことにより、怨霊の掃蕩、魂の浄化を表す。左手は大腿にあり、手中には「討飯碗《とうはんわん》（乞食《こじき》が持つお碗）」を持ち、神が持つことにより謙虚であるべき、を意味する。「三清道祖」三神の「倹、慈、謙」の「謙」を象徴し、精神の安寧、謙虚であるべきという教えとなる。

※ご利益：魂魄調和、精神安寧、精神集中、怨霊除去、激情制御、怨念消沈など。願うことは精神的な安寧が主にある。図：霊寶天尊・模式図（聖天宮霊寶天尊を参考）

図：霊寶天尊・模式図

●三清道祖の参拝作法

以下紹介する参拝作法は道教の基本的な作法であり、各々《おのおの》のお宮の主神に対しての参拝にも通ずる。

参拝作法としては、線香を三本持ち、お願い事は線香の煙により天に伝わるとされ、線香は先に炉に挿さず、お願いをしてから挿す。お願い事をする際には礼儀として「拝墩《はいとん》（拝礼台）」に跪く。※不自由な方や跪く台がない場合は立ったままでよい。画：線香を持ち、拝礼台に跪く

この姿勢は神という崇高な存在に願いを聞いてもらうため、現状報告をしながら「なぜ願うか」、「嬉しい気持ち」、「不安な気持ち」も含めて事細やかに線香に託す。このような乞う作法は、敬意とともに参拝者の真剣さを表す。

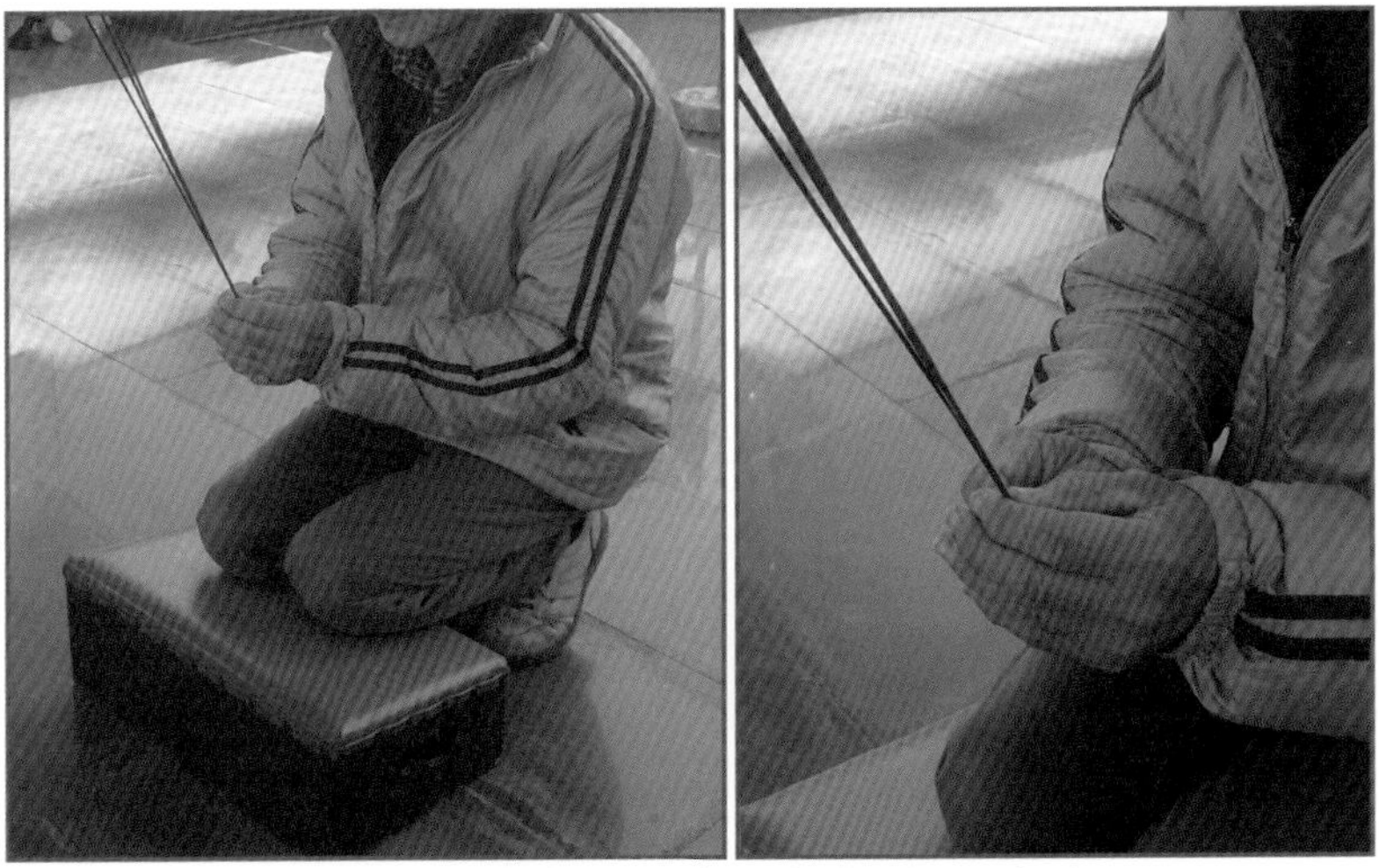

画：お線香を持ち、拝礼台に跪く

●灯した線香を持ちながら、以下を心の中で唱える。

①お願いするご本尊の名前。（聖天宮の場合、「三清道祖様《さんせいどうそさま》、神々様《かみがみさま》」）

※「神々様」は津々浦々の神々を表し、八卦以降を司る神々を意味する。

②礼儀としての自己紹介。（「○○市から来た○○○○（名前）です、○歳です。」）

※自己紹介は礼儀であり、名前や住所を言わないと、同姓同名により神々が分からないという意味ではない。

③最後に願いをこと細やかに述べる。（お願いはいくつでもよいが、数よりは内容が大事）

※例えば、お願いは四文字熟語を並べるだけではなく、「商売繁盛」であれば商売の内容、「家内安全」であれば家庭の内情、健康であれば最近の体調、学業であれば苦手な勉強・志望校などと事細やかに現状報告をしながらお願いをする。例えお願いがなくても、日々の生活の具体的な現状報告をするのは欠かせない。ちなみに本場ではよく線香を持ってオーバーに多くの回数を振るが、これは作法ではなく、一つの信仰心のアピールに過ぎない。

④願い後、線香三本一緒に炉へ立てる。

※「道教の参拝はなぜ線香を三本使うのか」頁99で述べたい。

⑤お線香を立てたあと拝礼台へと戻り、お願い後の礼儀として十二回、頭を下げる。（十二は十二支、十二か月、十二時間、「常にお見守り下さい」と意味する）※昔、時も干支で示し、一時《ひととき》は二時間として、例えば子《ね》の時は夜二十三時から一時、午《うま》の時は昼十一時から十三時になる。

　十二回のお辞儀には男性と女性の違いがあり、これも陰陽に関係する。

●男性のお辞儀は先ず合掌し、お辞儀をしながら両手を開き、手の平を台につけ、また体を起こして合掌。これを十二回繰り返して終える。

　男性の手の向きは「陽」を表す。画：男性の手の平は下に

●女性のお辞儀は先ず合掌し、お辞儀をしながら両手を開き、手の甲を台につけ、また体を起こして合掌。これを十二回繰り返して終える。

　女性の手の向きは「陰」を表す。画：女性の手の平は上に

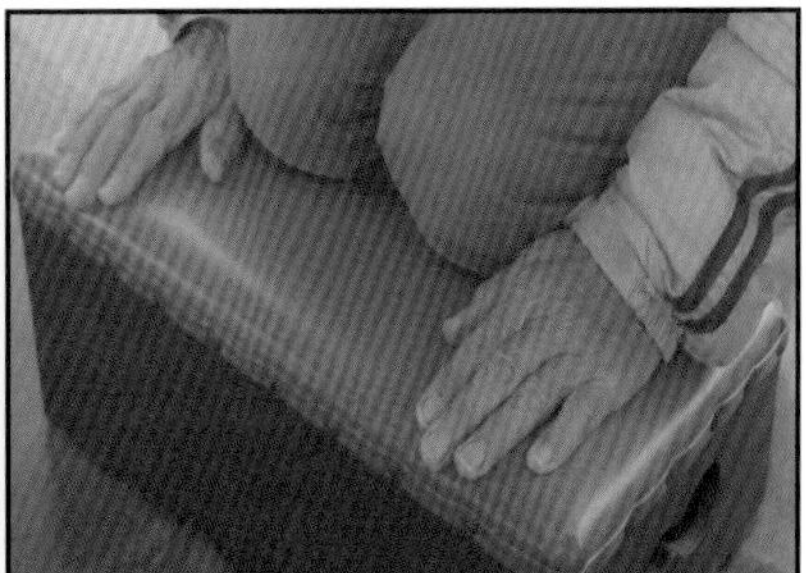

画：男性は手の平を下に

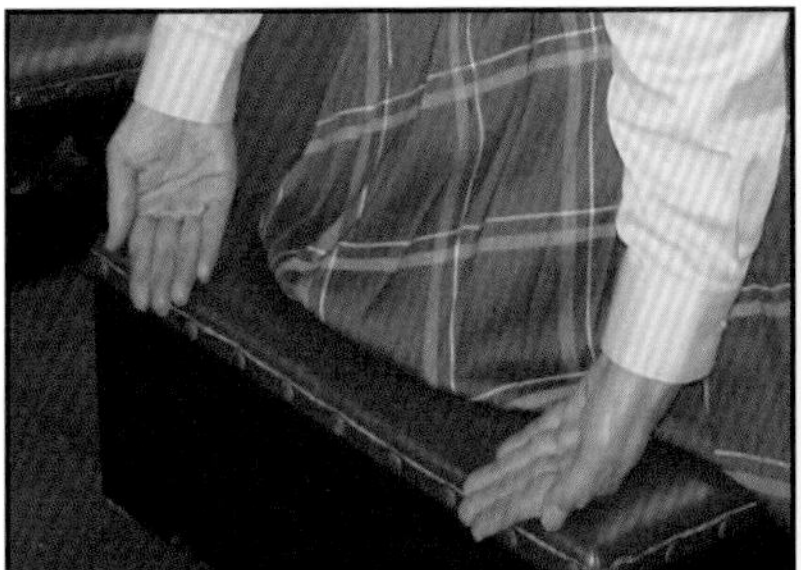

画：女性は手の平を上に

女性の手の平を上にすることは「受ける」、「授かる」を意味し、男性はその逆として、それぞれの手の向きは陰と陽、女と男を表す。

以上紹介した作法は丁寧だが、参拝者が多いお宮では立ったままの参拝、また十二回のお辞儀は三回となる。

では道教と日本仏教において、線香をあげる趣旨の違いを述べたい。

道教と日本仏教の線香の違い

まず、なぜ道教を含めた世界の多くの宗教はお香を使うかについて述べたい。

火を伴う神事・儀式は古くから世界の宗教や政《まつりごと》に多く見られるが、特にお香は視覚（光、煙）、嗅覚（薫）、触覚（熱）、また固体が気体に変化する性質から人類を魅了してきた。ではなぜ道教はそのお香を長い棒状、いわゆる「線香」に加工して使うのか。これは先ほども述べた、道教の信仰には人々の願いがお香の煙により空高《そらたか》く昇り、神がいる天に伝わるとしている。（固体が気体により別次元へ伝わる）なので、目的としては、より長く思いが神に伝わるようにお香を長い棒状に加工して燃焼時間を延ばす。

　だが、道教の線香はただ長いのではなく、その長さと持ち方に特徴がある。基本の長さは一尺三寸（約四十センチ）、これは笏の長さから由来する。笏は御上へ直訴時に要望を書き入れるために使われる道具であり、一尺は嘆願を書くため、下三寸は持ち手となる。（線香の場合、下の三寸は竹のままでお香は塗っていない）線香を笏として見立て、灯を上にして両手で下を持ち、胸の前に少し突き出す。この笏を持つ姿は参拝者の真剣さを表し、願う間はこの姿勢で線香を持ち続けるのが特徴である。一般的な一尺三寸のお線香の燃焼時間は四十～五十分になる。※もともと神事は政でもあるのでお線香の長さが逆に笏の長さの基準になったとも言える。

　一方、日本仏教の線香は「故人は香りを食べる」と供養のためであり、また参拝者

自身のお清めの意味を持つ。以上の理由から線香を上げる作法は線香を先に香炉に立ててから手を合わせ、故人への思いを馳せる。従って日本の線香の目的は、燃える時間の長さよりはお香の薫りの質に重点を置く。一般的な線香は「短寸」（約十四センチ）で燃焼時間は二十～三十分としている。※道教にも供養のお供えに線香を用いることはある。これについては日本のお盆に例える道教の「普渡《ぷど》」頁112で紹介したい。

以上紹介したお線香の趣旨の違いにより中国と日本の線香の加工・製造方法も異なる。中国の線香は、縦に細く裂いた竹を、お香を溶かした融液に浸して乾かしたものである。それとは異なり、日本の線香は粉末状のお香とつなぎを練って棒状に形成したものである。従って中国の線香は竹の芯が入ることにより長く加工ができ、長いものは子供の背丈ほどのものもある。だが、先ほども述べた理由により㸿の長さは一尺三寸が基本となる。ちなみに道教にはお香を絶やさず焚くのを目的とした一か月以上の燃焼時間を有する究極な蜷局状の線香もある。（日本にも蜷局状の線香はある）

結論として、同じ棒状の線香を道教も日本仏教もあげる風習はあるが、あげる趣旨の違いから、線香の燃焼時間、薫り、製造方法は異なる。

以上、線香を用いる参拝の趣旨を述べたが、実は道教の参拝時に持つ線香の本数にも重要な意味があるので次にそのことについて述べたい。

道教の参拝はなぜ線香を三本使うのか

道教の考えでは人は三つの要素、「魄」と「魂」と「行い」で構成されており、これが三本の線香をもって参拝する由縁である。従って三本の線香を神々の前で上げるのは人間を構成するこの三つの要素に対してのご加護を祈願するためである。従って参拝時は三本の線香を一緒に持ち、参拝後、三本を一緒にまとめて炉に立てる。

中国仏教・日本仏教は線香を「過去、現在、未来」、または「前世、現世、来世」を示すため、一本ずつ挿す作法はあるが基本的に道教はない。三本のお線香を持つのは基本ではあるが、多くの神々を祀るお宮であれば、「一人」の存在として神々の炉に一本ずつ立てることになる。

今、紹介した線香を用いる参拝と共に道教のお宮で欠かさず行う道教式おみくじを次に紹介したい。

道教のおみくじ

道教のおみくじは道教であるゆえ、やはり陰陽、八卦の概念が含まれる。運気を知るためにおみくじを引くが、道教のおみくじの特徴はその引いた籤の番号は自分に合っているかどうかを神に伺う必要がある。その際、陰陽を示す二つの三日月の形をした「神椑《しんぺい》」と呼ばれる神器を床に落とし、その組み合わせによりご本尊の許可を伺う。神椑のそれぞれの片側は陽・始まり、片側は陰・終わりを示し、陽と陰が揃い、すなわち始まりと終わりが揃わなければ、ご本尊から許可が下りないとしている。

※一般的な神椑は陰と陽を明記していないが表を陽、裏を陰とする。

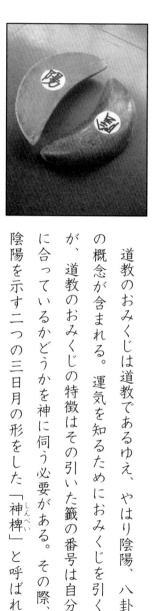

では、おみくじを引く作法と結果を紹介したい。

●おみくじを引く作法

①籤竹《せんちく》を引く

ご本尊に向かって合掌。礼儀として、一礼をしてから、籤竹が入っている籤筒《せんとう》をよく混ぜ、一本を引く。記している番号を覚えて籤竹を籤筒に戻す。

画：籤筒と神椑（聖天宮前殿）

②神椑を使って許可をもらう

許可をもらうため、二つの神椑を両手のひらに「陽陽」を上にして丸く揃える。丸く陽陽に揃えるのはすべての始まり「太極」を意味する。これはご本尊に「始めさせて下さい」という意味となる。画：陽と陽に揃える

画：陽と陽に揃える

画：籤筒と神椑（聖天宮前殿）

そのまま両手を内側にひねり、神棹を床に落とす。
※神棹を床に落とすその理由は、人は天から直接導きをもらうのは難しく、地からもらう方が容易であるとしている。これは神の導きを道から天、天から地、地から人という考え方から来ている。

③結果は二つの神棹の向きで判別する

◆「陰」と「陽」・有棹（ウプェー）：許可あり。
「始まり」と「終わり」が揃ったので、該当番号の籤詩《せんし》（おみくじ文）を指定のところからもらい、以上で終わりとなる。画：陰陽・許可あり

◆「陽」と「陽」・笑棹（チョウプェー）：許可待ち。
「始まり」のままなので同じ番号で再度「神棹」を両手に「陽陽」に揃え、落として繰り返す。
※神棹が床面で揺らぐ姿は神が微笑んで思案していると云われ、「笑棹」の名の由来でもある。画：陽陽・許可待ち

画：陰陽・許可あり

画：陽陽・許可待ち

※神棹はなぜ、揺らぐのを「陽」とみなすのか、は巻末の「神棹の詳細」頁133で説明したい。

◆「陰」と「陰」・無棹（ボウプウェー）：許可なし。「終わり」を意味するので、最初から番号を引き直して繰り返す。画：陰陰・許可無し

以上を「有棹（陰と陽）」がでるまで繰り返す。

※注目してもらいたいのは結果「陽陽」（同じ番号）、「陰陰」（番号を変える）を挟むと何度でも繰り返し、必ず「陽陰」がでるまで行うこと。

画：陰陰・許可無し

④「陰」と「陽」・有棹が出たら、該当する番号の籤詩《せんし》を指定のところからもらう。

※最後に神棹を「陰陰」にして神卓に戻し、「終わりました」を意味する。

おみくじの説明は以上である。

◆おみくじの籤数にはさまざまな起源があるが、一番適正な数は六十四と言える。

※これについては巻末の「●籤数の最も適正な数は何か」頁134で理論的に考察したい。

これまで参拝に伴う、お線香とおみくじを紹介してきたが、では次に参拝時によく行うお供えの趣旨と風習を紹介したい。

道教のお供え

道教のお供えは、主に①食べ物のお供えと②焚き上げる紙のお供えがある。先ずは道教の食べ物を供える趣旨を説明して、のちに焚き上げる紙の趣旨を紹介したい。

①道教の食べ物のお供え

道教には他の宗教と同じく、祭事のために特別なお供えをするが、それとは別に道教には日々の参拝にもお供えをする風習がある。※本書は祭事の作法を紹介する目的としてないので割愛する。日々の参拝のお供えの特徴としては神へ捧げるためではなく、参拝者が参拝後に持って帰って、ご利益をいただけるとしている。考えとしては足を運んで神前に食べ物を供える行為は敬意の表しとして、それに対して神からご利益があるとしている。よってお供えは供える時間の長さではなく神前に供える行為そのものに対してのご利益である。

作法としては神卓または指定したところにお供えをして、参拝後に持って帰って食する。例えば台湾の学生は昼休みに弁当を供え、学業の事をお願いしたあと、直ぐに持って帰って食べる。一部のお供えを残す参拝者もいるが持って帰って家族、または知人でご利益を分かち合う。供える品は基本、日々生活に使う食べ物であれば何でもよいが、生の肉魚は衛生上避ける。本場で食用油も供えることはあるが、これは中華料理によく使うからである。

画：様々な食べ物を供える

興味深いのは道教がゆえにお供えにも陽のお供えと陰のお供えがある。いま、紹介した供える行為は人が神々からご利益をいただくためなので陽のお供えではあるが、反面、陰のお供え

画：様々な食べ物を供える

は霊の供養を趣旨としている。※霊へのお供えは陰の参拝「普渡」頁112で紹介したい。

②道教の焚き上げに用いる紙のお供え

焚き上げに用いる紙はお供えとして参拝後に焚き上げて煙にする。これにも食べ物のお供えと同様、二つの趣旨があり、一つは神へ届けるための陽の参拝と一つは霊に届けるための陰の参拝となる。※陽の参拝に行う焚き上げは日本の「護摩木」を祈願のために焚くのと類似し、陰の参拝は日本のお盆に燃やす「おがら」と類似する。

陽の焚き上げと陰の焚き上げを区別するため二種類の焚き上げる紙があり、「金紙《きんし》」は陽のお供えとして、人が神からご利益をいただけるために供え、一方「銀紙《ぎんし》」は「普渡」陰のお供えとして、霊の供養のための供えである。この二つはよく混同されているので以下詳しく説明しておきたい。※霊への焚き上げは陰の参拝「普渡」頁112で紹介したい。

金紙は陽の参拝・銀紙は陰の参拝

金紙、銀紙の名の由来は、金紙は紙に一部、金箔が張られており、銀紙は紙に一部、銀箔が張られていることからである。金箔、銀箔は紙の大きさと占める割合はさまざまだが、典型的なものを紹介したい。

◆「寿金《じゅきん》」は人が神々にお願いを叶えてもらうため

寿金は金紙に属し、必ず金箔が貼られているだけではなく、赤で印刷した縁起の良い言葉がある。一番典型的なのは赤く「祈求平安」の四文字熟語と三星像「福星、禄星、寿星」の縁起の良い三神が描かれている。目的は陽の世界に生きる我々が神々に願いを叶えてもらうため、または日々の平安無事を感謝するために焚き上げをする。

◆「土地公金《とちこうきん》」は土地の先祖を敬うため

土地公金は金紙に属し、寿金のように一部、金箔を張られている、だが寿金のように赤い印刷はない。「土地公」は土地の高徳の先祖の霊が輪廻転生を脱し、その土地に生まれる者を守る神である。（日本でいう氏神《うじがみ》にあたる）土地公金を焚き上げる目的は土地公に対して、日々の安寧を願うのが趣旨のみであり、いろいろな願いをしない。そのため寿金のようにお願いの言葉、または三星像はない。

◆「銀紙」はあの世の霊のために焚き上げる

道教には輪廻転生の考えがあり、よって死後は一時的で、来世が決まるまでの調整ところに過ぎない。あの世の調整ところは古風《こふう》な都《みやこ》として、古風な生活を営むとされる。従って亡くなられた者にあの世で不自由なく過ごせるようにあの世で使える日常用品、お金などを模した紙を焚き上げて送る。

もともとはきめの荒い藁《わら》の紙に銀箔を

画：左・寿金、中・土地公金、右・銀紙、下・宮衣

張り、または黒い印刷をした日用用品のようなシンプルなものだったが、いまでは数えきれないほどの印刷物と紙細工のバリエーションがあり、例えば車、テレビ、電化製品などを模した立体的なものもある。いずれにせよこれらは銀紙と総称し、焚く目的としては、あの世の亡くなられた人のために陰の儀式で用いるものである。画・左・寿金、中・土地公金、右・銀紙、下・宮衣《きゅうい》 ※「宮衣」はあの世の都に上がるための晴れ着の一式である。

金紙と銀紙に対しての誤解

先ほども述べたが、金紙と銀紙を焚き上げるのは一見同じ「焚き上げ」の行為ではあるがその目的はまったく違う。銀紙は霊があの世で使うためのお金ではあるが、金紙は神々が天界でお金を使う訳ではない。金紙を焚き上げる理由としては人が神に敬意を示すため、一番高価な「金」を紙にあしらい、煙にして、その敬意を別の次元にいる神に捧げるのが趣旨である。（金を金箔にして、紙にあしらうことにより、焚き上げができようになる）

以上のように金紙と銀紙を焚き上げるそれらの趣旨や性質はまったく違うので、よって焚き上げも別々の炉で行う。理想としては二つの炉を設け、金紙、とくに寿金は「寿金炉」、銀紙は「銀紙炉」に分けて焚き上げをする。

土地公金は金紙なので、土地公を祀るお宮は土地公金を寿金炉に焚き上げる。だが、土地公はその土地の神でもあるので土地公金を葬式または普渡に銀紙と一緒に銀紙炉で焚き上げることも可能である。

結論、道教の焚き上げをする行為は線香を灯すと同様、紙を煙にして、別の次元に届けるためである。陽の参拝は神に届けるため、陰の参拝は霊に届けるためとしている。よって焚き上げる紙は二種類あり、「金紙」は陽の参拝、人が神からご利益をいただくため、「銀紙」は陰の参拝、亡くなられたあの世の霊のためである、焚き上げる趣旨も違うし焚き上げる炉も別にある。

以上、金紙と銀紙を通して道教の参拝には陽のためと陰のためがあるのを理解したところで、では陰の参拝の線香と食べ物のお供えを次に紹介したい。

陰の線香と陰の食べ物のお供え

先ほども述べたが人が神に願うのが「陽の参拝」、霊を供養するためなのは「陰の参拝」である。※陽のお線香は「道教と日本仏教の線香の違い」頁96、陽の食べ物のお供えは「①道教の食べ物のお供え」頁104）で既に紹介した。では陰のお線香を灯す趣旨と陰の食べ物を供える趣旨、それを行う二つの儀式、「葬式」と「普渡」について紹介したい。

葬式

道教のお宮はお宮によって祀る神は異なるので、よって全てのお宮は葬式を行うことは無く、主に土地公も祀るお宮であれば葬式を行うこともある。特徴として葬式はお宮の本殿内で行うことはなく、隣接する葬儀場で行う。本書は葬式の作法を説明するのを目的としてないので割愛する。

葬式で行う参拝とこれより説明する「普度《ふど》」の参拝趣旨は同じなので、普度を通して道教の亡くなられた人に対しての考え方を紹介したい。

普渡《ふど》

道教では旧暦七月に「普渡」の祭事があり、これは日本のいわゆるお盆にあたる。だが、日本のお盆のように家の中、庭先にお供えをするよりは、基本は道路に面した家先、または店先、人通りが多い道の方にお供えをする。この違いは普渡とお盆の由縁の違いからなのでこれより述べたい。

●お盆の起源

釈迦が弟子にかけた情けの逸話からとしている。

神通力のある弟子の目連《もくれん》は、地獄に落ちた母の霊に食べ物を与えようとしたが、母が食べ物に触れると炎に包まれ与えることができなかった。母を救いたい一心で目連は釈迦に嘆願したところ、母が受ける苦しみは母が犯した罪への報いであると知る。

だが、釈迦は目連に修行僧が厳しい修行後の七月十五日にお供えをすれば、多くの苦しんでいる霊が救われると教えた。釈迦の教えを忠実に行った目連は多くの霊を救い、母の霊も往生された。

●普渡の起源

道教の「普渡」は①陰陽と②伝説に起因する。

①陰陽に関しての普渡

以前も述べたが、一日の陰陽は太陽の出入り、一か月は月の満ち欠け、一年の陰陽は二つの八卦の陰陽の満ち欠けからである。一月と七月は陰と陽が半々であり、一月は六月に向け陽が月ごとに一本ずつ増え、七月は十二月に向け陰が月ごとに一本ずつ増える。図：一月と七月を表す二つの卦　このことにより一月の正月は陽の儀式として、人が神々にお供えをして祈願するものであり、一方、

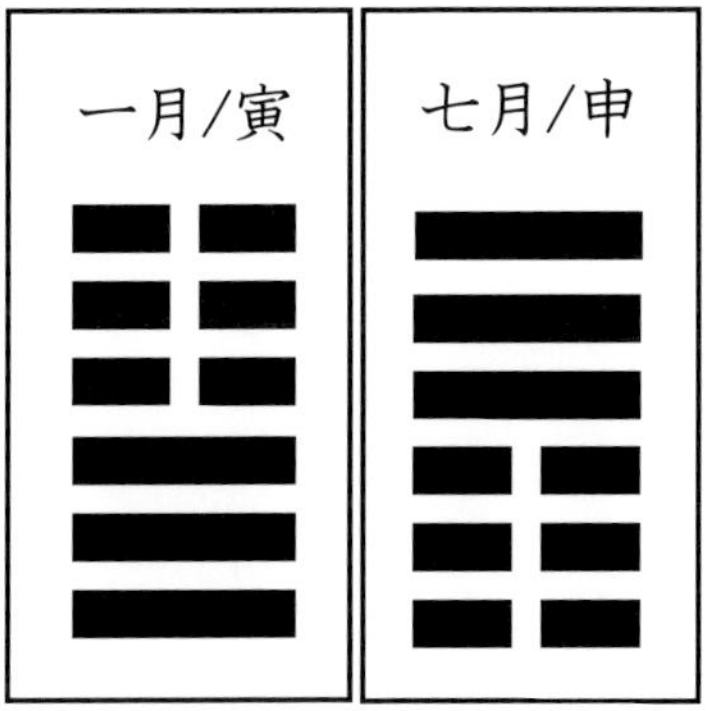

図：一月と七月を表す
二つの卦

七月の普渡は陰の儀式として、人があの世の霊にお供えをして供養をするものである。

②伝説に由る、普渡

道教の伝説では、あの世とこの世の境に「鬼門《きもん》」という関門があり、その固く閉ざされた門は神の情けにより、一年に一回、旧暦七月の一か月の間に開かれる。鬼門が開くと霊はこの世に帰ることが許され、これを普渡と称する。「普渡」は文字通り「あまねく、わたる」という意味なので、日本のように先祖の霊を迎え入れる「お帰りなさい」的な和《なご》やかな意味合いもあるが、あまねく魑魅魍魎《ちみもうりょう》もさ迷うため、「鬼月《きげつ》」ともいう。魑魅魍魎は路頭で亡くなった霊、激しい死に方をした霊などである。これらの霊はこの世に戻ると、苦しさのあまりに悪さをする。ちなみに中華圏の人々は、旧暦七月を注意と自制をする月として、引越し、結婚式、海水浴などを避ける風習がある。

お供えに関しては、普渡はお盆のようなお供えをするが、お盆のような先祖の霊のためというよりは、魑魅魍魎の鎮魂のためである。先ほど述べた、お盆は先祖の霊を迎えるため、家の中、庭先にお供えをするが、普渡は道路に面した玄関または店先に供え、さ迷う魑魅魍魎が家に入らないことを目的としている。だが魑魅魍魎は「好兄弟《こうきょうだい》」とも呼ばれ、忌み嫌う存在よりは、もともと同じ人間が亡くなり、いまは陰の世界にいる同胞と考える。さらに注視してもらいたいのは、好兄弟は「兄弟」、つまり近年亡くなられた霊を称していることである。

そもそも道教では輪廻転生により死後は一時的なものなので、いわゆる天国、地獄、または先祖の霊が長くあの世にとどまることはない。※これについては後程、「道教における死後」頁119で述べたい。よって近年亡くなられた曾祖父《そうそふ》の霊は普渡の時期に戻るが、いわゆる昔の先祖の霊はいなく、なぜなら、昔の霊はすでに輪廻転生を終えているからである。また、魑魅魍魎は罪を犯した人々の霊と解釈することもあるが、これは仏教の考えからであり、もともと道教にはそのような解釈はなく、何故ならあの世は苦しむところとして考えはそもそも無いからである。※これに関しては「道教における善悪の報い」頁122で述べたい。

※宗教施設は普渡時に慰霊祭を行い、多くの料理を供え、また人々も料理を持ち寄り、この人々の思いは神々の力により何千、何万倍にもなり、多くの霊を供養することができる。鬼門が開く旧暦七月一日と鬼門が閉じる旧暦七月末日に、計二回の慰霊祭を行うが、月中の十五日の一回の場合もある。

普渡の線香と食べ物のお供え

以前も述べたが道教では神々にも霊にも同じく食べ物を供えるが、その趣旨はまったく異なる。神々へのお供えは陽の参拝のため、人々は神々に食べ物を供えるのは神に対して敬意を示し、それにより神々からご利益をいただくためである。一方、霊へのお供えは陰の参拝のため、亡くなられた人のためである。霊はあの世でお供えを食べるが、神々が天界で俗界のお供えを食べる訳ではない。この点は「金紙」、「銀紙」を供える趣旨に共通する。では神へのお供えと霊へのお供え、この二つはどう区別するのか、これには道教の線香を灯すもう一つの理由に意味がある。

普渡のお供えは供養であることを示すため、灯した線香をお供えに挿す。（神へのお供えは人が食べるので線香を挿さない）霊はその立つ煙に導かれると共にそのお供えを食すことが出来ると考える。（使う線香は神の参拝用の線香より意図的に竹の芯を粗《あら》くしたもの）画：慰霊祭・お供えに線香を立てる（聖天宮慰霊祭・外苑）この点は日本仏教の「死者は香りを食べる」に通じるところがあり、日本のお香に対しての解釈はこの道教の普渡の習わしにルーツがあるかもしれない。

祭事後、線香を外し、お供えを皆で食し平安無事・無病息災にあやかるとしている。この点はお盆のお下がりをいただくのと一緒である。（本書は普渡の儀式作法を説明するのを目的としてはないので割愛する）

ここまで、いろいろな道教の参拝、線香、おみくじ、お供えなどを紹介してきた。では次に道教の神がどう人々にご利益を与えてくれるかを述べたい。

画：お供えにお線香を立てる
（聖天宮慰霊祭・外苑）

道教の神の役割と人との関わり

以前も述べたが道教は多神教であり、神々があらゆる天象、地象、人の感情、考え方、概念に及ぼすとしている。だが、道教の神々はいわゆる「神の奇跡」は起こさない。例えば天象地象そのものを無くし、病原そのものをなくし、死んだ人を蘇《よみがえら》せることは一切しない。なぜなら、人間ごときのために宇宙を支える根幹である道《タオ》の摂理まで変えることはしないからである。

では道教の神々のご利益とは何か、また道教の神々はどのように人の世界に施しを司るのか、それは「時間」や物事の「運び」といったタイミングをコントロールしているのである。万物万象は陰陽すなわち時間の移り変わりを抱負しているゆえ、万物万象を司る神々のご利益・恩恵も物事の陽から陰へ移り変わる運びに影響を及ぼす。よって奇跡は物事の状態を変えるよりは物事の発生するタイミングを重ねたり外したりすることであり、善いことは重なると相乗効果があり、悪いことは分散すると対処できるようになる。例えば天災は時期をずらすと被害が軽減され、治療は医者と患者の調子を合わせることにより治癒が進み、奇跡と感じることもあるでしょう。
また、人の人生の運びは巡り合わせやタイミングに大きく左右するので、神にタイミングを良くしてもらうことで願いを叶えることができる。したがって、願いを叶えるには、人が努力をして、そのうえで神々から運びを良くしてもらうことが必要である。要するに奇跡を願うために神を盲信することだけではだめだ、というのが神々と人の関わりの真相であると道教は考える。

以上、神々のご利益・ご加護を理解したところで、ではもともと個々の生まれ持った運び、すなわち「運命」の善し悪しは何に起因するのかを述べたい。その前に人が死んで、次の運命が始まるまでの道教が考える死後・あの世について述べたい。

道教における死後

道教は宗教であるがゆえに、他の宗教と同じく死後の哲学があるが、特徴的な点は以下である。

①道教には「輪廻転生」がある

人が亡くなると再度この世に生まれると考える。そのため「死後」は一時的なものであり、次の一生に見合った来世を始めるタイミングを計るための調整ところに過ぎない。次の一生に見合った良し悪しの運命の数は無限大であるので、亡くなってからすぐに生まれ変わることはなく、調整所で待ち、神がこの人に見合った運命を始めるタイミングを授かるのである。(この役割、「南斗星君、北斗星君」は頁87で紹介した)

※一生に見合った来世は次章「道教における善悪の報い」頁122で詳しく述べたい。

②道教には死後、神へ近づけるという考えは無いしあり得ない

神と人との次元があまりにも違いすぎるので、例え高徳で輪廻転生を抜け出したとしても、「土地公」その土地の土着の神になるに過ぎない。土地公は文字通り土地、「地」の神であるので、「天」の神ではない。所詮、人が死んで神がいる天国のような場所に近づくのは不可能であるということである。

③「天国」「浄土」「地獄」のような「永生」、「永楽」、「永苦」の考えはない

なぜなら、以前も述べたが、死後、人は「魂」「魄」「行い」の三つに分かれるので、魄（物理的な体）がない以上、苦楽を感じることはできない。また、神は人の善悪の行いに報いる苦楽を与えるため、わざわざ天国、地獄を作り、自らの手を煩わすことはないと道教では考える。

④死後、供養を受けることは基本的にない

輪廻転生がある以上、魂は長く死後の世界にいることはなく、先祖の霊は現生の我々を守ったり苦しめたりすることはない。同じように現生の我々の行いが先祖の霊を苦しめたり癒したりすることは根本的にない。これは以前も述べたが、近年亡くなられた曾祖父の霊はあの世にまだ居るかもしれないが、いわゆる昔の先祖の霊は輪廻転生でもうすでにいないので影響を受ける、また及ぼすこともできない。（鬼門がある以上、あの世とこの世の行き来、念を含め、は容易ではない）

霊の供養として旧暦の七月の普渡はあるが、それは故人の生前の穢れ、罪を弁済するものではなく、目的としているものでもない。よってあの世で霊は魄が無い以上、苦楽を感じることはなく、また霊が唯一供養されるのは普渡の旧暦七月、魄のあるこの世に戻って来たときである。霊は魄とこの世にいるときしか魄の影響を受けないのである。

では、永生、永楽、永苦もなく、神に近づけることもないのであれば、道教の神は何をもって人の善悪に報いるのだろうか。

道教における善悪の報い

道教が考える神が与える苦楽は、神が人々をこの世に戻し、人々の運び・運命を絡ませて人同士で苦楽を与えればよいとする。人の一生にはいくつかの要素があり、例えば自身、親、伴侶、子供などである。自分は健全だとしても、周りの親、伴侶、子供の健全さもその人の一生を大きく左右する。運びの良い人は本人を含め周りに関わる人達も善い。例えば良い親がいれば財政的に恵まれ、良い伴侶は気が利き、良い子供は手がかからないなどである。逆に不利な人は、浪費癖のある親、身勝手な伴侶、病気がちな子供などとなる。とはいうものの、忘れてはならないのは、不利と思える親、伴侶、子供の存在も、また別の存在としてそれぞれ別の人生があることである。浪費癖の親から見れば、「金をくれない親不孝な息子」、身勝手と思う伴侶から見れば、「束縛が強い夫」、病気がちの子供から見れば、「面倒見の悪い父親」となる。

今のいくつかの例は身内のことを述べたまでであり、他人との組み合わせ、社会の役割との組み合わせ、また善し悪しの発生するタイミングを含めると、神々はさまざまな善し悪しの運命を組み合わせて「善い報い」は善い人々を集め、「悪し報い」は悪い人々を集める。同類を集めることにより、また善し悪しが起こるタイミングを重ねたり、外したりすることにより想像もできないほど悲惨な人生も与えることもでき、想像もできないほど恵まれた人生も与えられる。これこそが道教が考える天国と地獄に相当する報いである。従って人が感じる幸・不幸は所詮「人」のレベルの互いの運命の組み合わせに過ぎず、なので有利な人は驕《おご》ることなく、不利な人は妬《ねた》むことなく生きていくことこそが道教の考える「道徳的」な生き方である。「運命」により生じた人生の苦楽は永遠ではないので、楽観することなく、悲観する必要もない。輪廻転生がある以上、「魂」と「魄」が揃った現生しか「行い」ができず、よって現生の行いしか来世の糧にはならないのである。

最後に法師として意見を述べたい。神は輪廻転生を行き来する人に対して、この世では「参拝」を通じて希望と勇気を与えてくれ、あの世では「普渡」を通して情けを与えてくれている。これらは神が人に与える癒しである。

以上

【巻末の付録】

聖天宮

聖天宮は日本国内の道教のお宮である。道教を宗教として日本国から宗教法人の認定を受けている施設としては珍しい。

聖天宮の建て主は台湾出身の「康國典《こうこくてん》」である。貿易商を営んでいた四十代に大病を患い、聖天宮のご本尊とのご縁を機に、七年間の闘病を

画：聖天宮建立のご夫妻

経て快癒した。何人《なんびと》も神恩にあやかれるようにと、お宮を建立する決心をし、当初は生家に建てる予定であったが、ご本尊の導きにより埼玉県坂戸市の地に聖天宮を建立することとなった。聖天宮の名前や方角、佇まいについても導きがあり、その通りに工事を進めるため、台湾から宮大工を呼びよせ、十五年の歳月をかけて平成七年に竣工した。竣工の暁に康國典は大法師の称号をご本尊から賜り、九十を迎えた歳に亡くなられた。

聖天宮の大きさは、個人が建てたお宮としては本場と比べてもかなり大きく、日本にある道教のお宮としては最大級である。画：聖天宮建立のご夫妻

●聖天宮の佇まいは道教のさまざまな概念を明確に表している

まず、聖天宮全体として、主な建物の屋根は上へ反らせ、これは「広大な天」を表している。また、多くの神獣が飛び交う屋根装飾に加えて「中心」を意味する黄色い屋根は、この建物が神の社であることを示している。

入口の「天門」（日本の神社の鳥居に似た門構え）は、神の世界と俗界の境目を表す。前殿には「八卦」を表す「八卦天井」（本書の見返し）、本殿には「太極」を表す

「太極天井」がある。本殿、前殿の間にある中庭を囲む回廊は、上下が「天」と「地」に分かれ、上半分は神々が住む、きらびやかな雲上の天界（神々の足元に雲があり、山々は眼下に描かれる）を表し、下半分は地上の世《せ》界《か》で、単調な石のレリーフに地上を表す（人々の足元には草花が描かれ、背景には山々がある）。

　東の陽側には鐘楼、西の陰側には鼓楼《ころう》を設け、陰陽を表し、また陽側に龍または男の神々が多く、陰側には鳳凰または女性の神々が多い。これほど建物別、部分別に道教のさまざまな概念、太極、陰陽、八卦、五行、天地などをはっきり分けた造りは珍しい。

図：聖天宮模式図

図：聖天宮模式図

以下ご賛同の方は奉加《ほうが》願います。

①創設者康國典大法師の気持ちに賛同する方。
②実際に参拝して、神々に助けていただいたお礼の気持ちを持つ方。
③純粋に日本の文化的豊かさに貢献する建物として後世に残したいと感じる方。

御奉賛金振込口座

埼玉りそな銀行
店名：坂戸支店　サカドシテン　普通　４４３３１２２
名義：（宗）聖天宮　シュウ）セイテンキュウ

ゆうちょ銀行
店名：〇三八　ゼロサンハチ　普通　３８７２１７４
名義：宗教法人聖天宮　シュウ）セイテンキュウ

神獣の属性

神獣は縁起の良い神々の使いであり、龍、鳳凰、麒麟、鯱がある。属性として、龍は天、鳳凰は地、麒麟は人、鯱は水になる。

●「天」に属する龍は雨を降らし、風を起こしたりすることができ、古くから雨乞いの儀式に龍が現れる伝説が数多くある。龍の中にも位があり、それは龍の爪の数でわかる。五爪を持つ「五爪龍《ごそうりゅう》」は最強であり、四爪、三爪の龍もある。皇帝の時代、龍の爪の数は厳格に制限され、許可なく龍を用いることは死罪を伴った。ちなみに日光東照宮の「鳴き龍」は三爪であり、これは中国明王朝に対しての配慮と言われている。

画：五爪龍（聖天宮屋根飾り）

画：五爪龍（聖天宮屋根飾り）

●「地」に属する鳳凰はものごとが陰に落ちてしまわないように維持していく力がある。国が安寧である場合には、鳳凰が現れる伝説が数多くある。また、ものの「再生」、「再生の前兆《さいせい》」として現れるとされ、「不死鳥」の意味合いもある。
●「人」に属する麒麟は賢人または「仁」に重きを置く善き為政者が現れた、また現れる前兆として登場する。
●「水」に属する鯱は水難、海難を収める役割を持つ。屋根に飾るのは神々のお使いとして用いられるが、日本のように建物の火除けの守り神の役割は持たない。

※神獣の性別について
龍の雄雌を聞かない理由は、龍は「天」に属するからである。一方、「地」と「人」は陰陽を経ているため、属する鳳凰と麒麟は雄雌があると考えられている。例えば鳳凰の「鳳」は雄、「凰」は雌と、麒麟の「麒」は雄、「麟」は雌と言われるが、これは間違いである。この勘違いは陰陽の概念に起因する、しかし鳳凰も麒麟も龍とともに伝説の動物であるため、神の世界と俗の世界を行き交う存在であるので、性別の概念を用いない。

獅子と狛犬

道教のお宮の獅子は一対、雄雌である。日本の狛犬とは違い、両方、口を開いている。理由はただ単に、中国語の発音記号では「あ」を最初の記号、「ん」を最後の記号としていないからである。だが雄の獅子を陽、口の開いた狛犬を始まり、雌の獅子を陰、口の閉じた狛犬を終わりとする「陰陽」、「あ、ん」を「始まりと終わり」とした共通点は、はるか古代に日本に伝わった道教の一例であるかも知れない。また雄の獅子も雌の獅子も邪鬼を追い払う役割なので、口を開けて「噛む」という意味があるため、口を閉じないのである。この噛む動作にさらに躍動感を加えるため、両獅子の首を出入口の内側に向けて彫っているのも、道教の獅子の特徴でもある。画：出入口に頭を向く、口の中に玉

画：出入口に頭を向く、
口の中に玉

もう一つ、獅子と狛犬に関する違いは、獅子は狛犬のように神の社を邪気から守る役割を持たない。そもそも道教の考えでは、神の社は聖域であり、邪気が入る余地はまったくなく、獅子の役割は、域を邪気から守る」よりは、参拝客に憑く邪気を、どんな因縁であろうと、お宮にいる一時的の間、強制的に離れさせるものである。そうすることで参拝者には参拝時だけでも一時的な安寧をもたらせることが出来、参拝を繰り返すことにより憑く邪気も薄れていく。

同様に道教のお宮の出入口には、門番の「門神」があり、日本のお寺の「仁王」と同じである。だが門神は仁王のような「仏門の敵」からお寺を守る守護神的な役割よりは、獅子と同様に、参拝者に憑く「魑魅魍魎」を追い払うことが役割であり、決してお宮自体を魑魅魍魎から守るわけではない。とは言いつつも、道教にも結界を設ける風習はあるが、主に個人の家で設けるものであり、お宮は必要ない。落慶（オープン）する前のお宮に結界を設けることはあるが、落慶《らっけい》後、結界は必要でなくなる。

さらなる獅子の特徴は、口に玉が入っていることである。この玉は力の象徴であり、神から「力」をもらい、「魔除け」の役割を持たせている。使い道に違いはあるが、龍が持つ玉、「龍玉」も獅子と同様に、神から力を持たされていることを意味する。

神椑の詳細

神椑の形状は三日月型で二つの異なる面があり、片方は「丸み」を帯びているが、もう片方は「平ら」である。丸みのある面が上の状態は「陰」、すなわち「終わり」を表し、平らな面が上の状態は「陽」、すなわち「始まり」を表す。このことは、神椑を床に落とすと、丸い面が床に接している場合はしばらく揺らぎ、平らな面が床に接している場合はピタッと止まることからである。したがって、動きが残る状態は「陽」を表し、動きがすぐに止まる状態は「陰」を表す。画：陰は丸い、陽は平ら

また、神椑が勾玉の形になっていないのは、躍動して未だ陰陽のどちらかに定《さだ》まっていないためであり、どちらが巴の太い方か細い方かは、床に落ちてはじめて陰陽が定まって判明するためである。神椑には一般的に竹の堅い根を加工したものが用いられるため、竹の太い部分をあえて削らず、巴として残す形もあるが、両端を同じにした三日月型の

画：陰に丸い、陽は平ら

方が一般的である。

●神椑の名前の由来

「神椑」の「椑」は脾臓の「脾」を木偏にした文字だが、これは三日月の形状が脾臓に似ているところからきている。

●籤数の最も適正な数は六十四である

一般的な籤数は百番、または百二十番である。だが、陰陽と八卦をかんがみると、六十四が最も適正と言えよう。

道教の考えでは神は陰陽を司るゆえ陰陽を経てなく、一方、人を含め万物万象は陰陽を経ているとする。よって神と関わる「神事」は主に奇数、一、三、五、七、九を用い、「俗事」例えば結婚式、葬式などは主に二、四、六、八の偶数を用いる。おみくじは神事に属するゆえに、おみくじを引くために使う一対の神椑も奇数回を用いるとする。

※ちなみに「九」は永久のキュウ、また一桁の最大数として縁起はよく、「四」は東西南北、相思相愛としても縁起はよい。よって、日本の様に発音だけでその数字を

避けるのは原則ない。そもそも中国の発音は「四」と「死」、「九」と「苦」は同じではない。※近年、俗的に中華圏でも「四」を嫌う場合もあるが厳密に言えば神事・祭事とは無関係である。

ではなぜ籤数は六十四が一番適切なのかを述べたい。一対の神椑はそれぞれ陰陽の面があるゆえ、一回ごとに用いると四の組み合わせとなる。一回目は四、二回目は十六、三回目は六十四、四回目は二百五十六などとなる。一回は奇数だが四の数が少な過ぎる、二回は偶数、三回は奇数の六十四、ほどほどの数、四回は偶数、五回は奇数だが一〇二四の数は多すぎる。加え、八卦に関しては、二乗は六十四、ほどほどの数、三乗は五百十二と多すぎる。よって六十四の数は①二つの陰陽の乗数と②八卦の乗数の共通の数、またほどほどの数として籤数に一番適していると結論できる。

日本様式屋根「唐破風《からはふう》」

中国式屋根は天を表すため、軒が深く、また全体を反らせた形状としている。だが、この構造は雨天時、降雪時、中央の出入口に雨水・雪が集まりやすい。日本にこの様式は伝わったが、東南アジアの中でも降雨量・降雪量が多い日本では、この形式は実用性を欠いていた。そこで日本で独自に発案されたのは屋根の一部に丸みを付けた形状である「唐破風」が日本建築の特徴になる。（一般的には入母屋造りの屋根の妻側に丸みを付けたもの）図：「唐破風」屋根

　このような応用は中国には見られなく、それは屋根の従来の「天」を意味する形に固執したことと、主な出入口は平側（広い側）であるべきという慣習があったためである。

●「唐破風」の名称について

「唐《から》」は遣隋使、遣唐使の時代より、当初は中国唐王朝の渡来文化を指していたが、段々

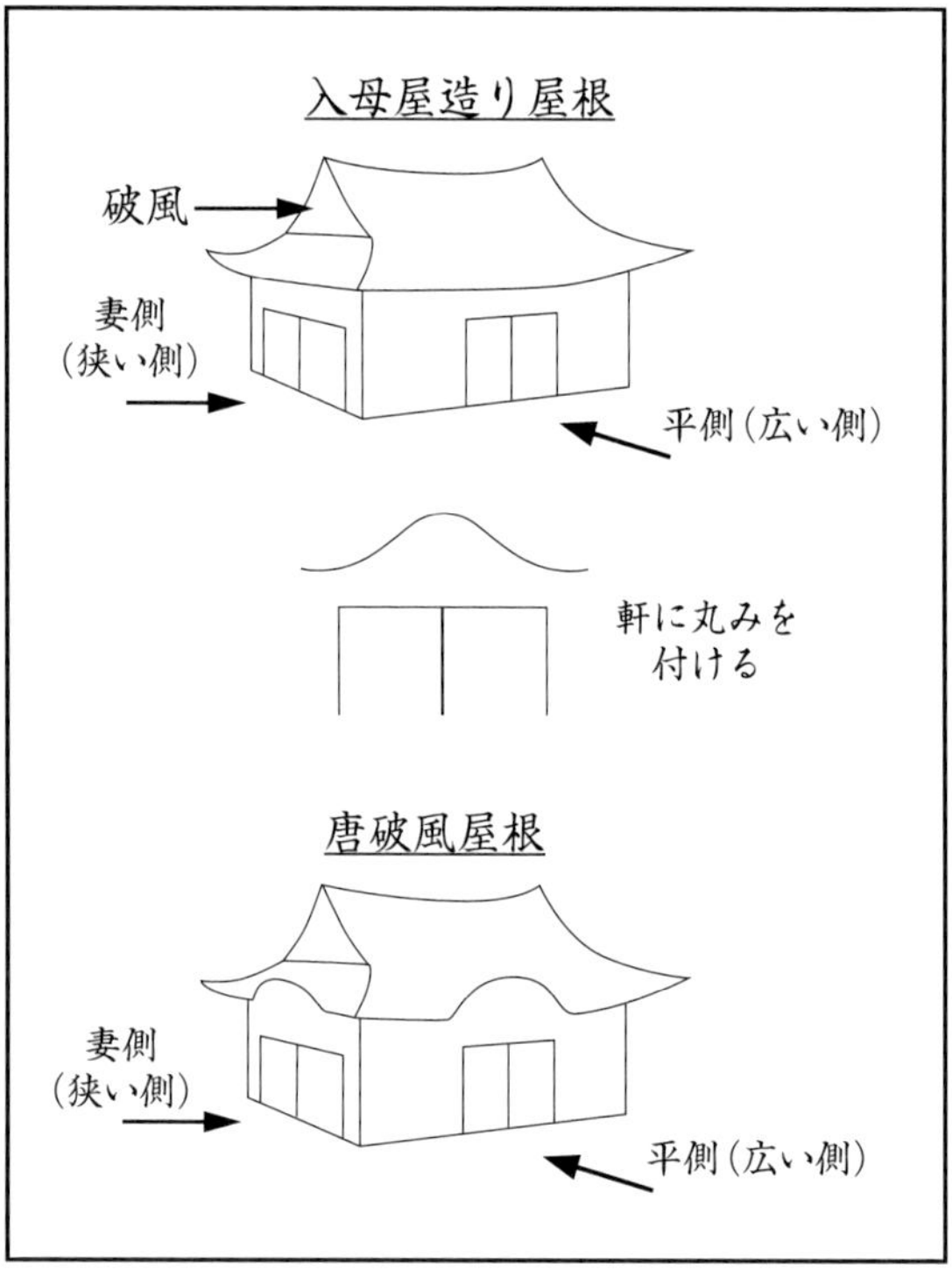

図：「唐破風」屋根

目新しいものに何でも「唐」と付けるようになり、やがては単なる「新しいもの」という意味になった。今の「アメリカン」のようなものである。そのため「唐」を英語で「CHINESE STYLE（中国様式）」と訳すこともあるが、厳密に言えばこれは間違いであり、「唐破風屋根」は「NOUVEAU WIND SHEAR ROOF」と訳した方が正しい。

以上

道教再訪

2024年3月1日　初版　第一刷発行
著者　　聖天宮法師
発行者　谷村 勇輔
発行所　ブイツーソリューション
〒466-0848 名古屋市昭和区長戸町 4-40
電話　052-799-7391
ＦＡＸ　052-799-7984
発売元　星雲社（共同出版社・流通責任出版社）
〒112-0005 東京都文京区水道 1-3-30
電話　03-3868-3275
ＦＡＸ　03-3868-6588
印刷所　藤原印刷
万一、落丁乱丁のある場合は送料当社負担でお取替えいたします。
小社宛にお送りください。
定価はカバーに表示してあります。

　ISBN 978-4-434-32708-7